室内環境改善コンサルタントが教える 片手でカンタン掃除術

山口由紀子 著

セルバ出版

はじめに

はじめまして。

数ある掃除本の中から本書を手に取っていただきありがとうございます。

「室内環境改善コンサルタント」の山口由紀子です。

おそらく、室内環境改善コンサルタントと名のっているのは、日本では私だけです。

2004年に、当時の政府が『国民の3人に1人がなんらかのアレルギーを持っている。しかもその原因は、ハウスダスト(ダニ)』だと発表しました。

この発表が、私に掃除と室内環境との因果関係を明白にし、室内環境改善コンサルタントへと導いていったのです。

私が経営する有限会社おそうじジョーズは、亡き夫が25歳のときに、「訪問型ハウスクリーニング業」として創業しました。

創業歴43年。訪問件数は延べ10万件を超えています。

2007年、おそうじジョーズの掃除のスキルを体系化し、「きれいマイスター講座®」を開講しました。

福岡県経営革新事業として、福岡県知事の承認を得た、「掃除の資格取得講座」は全国初として注目を浴びました。

それから10年以上たち、きれいマイスター講座®の受講生は延べ4800人を超えます。

創業者である夫は、掃除の天才でした。

私は夫の存命中、浴室・換気扇の分解洗浄、窓掃除などあらゆる掃除のテクニックを傍（かたわ）らで常に見ていました。

夫に聞いた掃除方法は的確でアッという間にきれいになりました。

10万件超のお宅を訪問する中で、多くのお客様の共通の悩みを知ることができました。

①汚いのでお客様を呼べない。

②仕事が休みの日に、まとめて掃除をするので疲れる。

③掃除から解放されたい。

④短時間で掃除を終わらせたい。

⑤きれいな部屋に住みたい。

現代は、高気密高断熱住宅が普及し、共稼ぎの増加で、一日中窓を開けない暮らしがあたりまえとなり、家の汚れ方は、昔とはずいぶん違ってきています。

私が「本書を書かねばならない！」と思い至ったのは、本書を手に取ってくださったあなたが「楽々、短時間で掃除を終わらせることができ」、「健康的な部屋」で「お客様をいつでも呼べる家に暮らしていただきたい！」と強く思ったからです。

私は、モデルハウスのような家を推奨したいのではありません。

そもそもプロは「5つの掃除の鉄則」と「3種類の道具」をうまく組み合わせることで、「最速・最短で、最も効率の良い掃除」をしているのです。

お休みの日にまとめて掃除をして疲れ果て、掃除が嫌いになる方が多いのは非常に悲しい現実です。

大掃除ではなく、「毎日10分～30分の小掃除」できれいになる、プロの掃除術を本書でご紹介します。

本書の通りに、実践していただければ、10分かかっていた掃除が3分で終わり、30分かかっていた掃除が10分で終わるようになります。

実践された皆さま方は「大掃除はしなくて良くなった！」、「掃除の苦から解放された」「いつでもお客様を呼べる家になった！」と満面の笑顔で話してくださいます。

さあ、今日からあなたもお掃除の達人に！

平成30年9月

　　　　　　　　　　　　　　　　　　　　　　　　山口　由紀子

室内環境改善コンサルタントが教える片手でカンタン掃除術　目次

はじめに

第1章　命にかかわる室内環境
　〜見えないからこそ敏感に、「空気」の話〜
　1　食事より口から大量に入るものはなに…10
　2　部屋の空気と外気はどっちがきれい？…11
　3　正しい窓の開け方…12
　4　通風・通気のススメ…13
　5　室内の空気を浄化するポイント…14
　6　無菌室のこと…15
　7　笑顔もない・会話もない・病む家…16
　8　掃除とは「空気をきれいにする」こと…18
　9　誰もが「掃除」できる大人になろう！…19

第2章　ホコリとゴミの正体を知る
　1　知っていますか？　「ゴミ」と「ホコリ」の違い…22
　　　・ホコリの中身を知ろう
　2　ハウスダスト3兄弟の性質…23
　3　ハウスダストと湿気は大の仲良し…25
　4　床上30センチの恐怖…26
　5　カビはアレルギー疾患などの病気の元…27
　6　フローリングには絶対カーペット！…28
　コラム・キビ草の箒は魔法の掃除道具…31
　7　吸引力の強い掃除機は必要？　掃除機はいらない！…32

第3章　掃除のイ・ロ・ハ

1　掃除の基本動作はＫ＋３Ｈ＋Ｍ…34
2　上から下へ、奥から手前へ…36
3　掃除の効率化が、苦手意識を変える…37
4　光るものは光らせる、白いものは白く…38
　　・鏡のお手入れについて
5　寝室の掃除と寝具の手入れは１番に！　日課で…39
6　暮れの大掃除はナンセンス…40
　　・大掃除の目のつけどころ
7　掃除道具はしっかり選ぼう…41
　　・プロ仕様は何が違う？
8　プロの仕事の極意は「養生(ようじょう)」あればこそ！…43
9　洗剤は薄めに、水の力は最強（洗剤神話は不要神話）…45
10　汚れの種類を見極める…46
11　掃除道具のメンテナンスは必須…47
　コラム・これだけは知っておこう！　和室の名称…48

第4章　プロの場所別掃除テクニックを大公開

1　キッチン・・・いつも光ってごきげんよう…50
2　浴室・・・カビとの戦いに勝つ…59
3　トイレ・・・尿石のないトイレで快適に…67
4　洗面所・・・水アカに勝つ…69
5　窓・・・陽射しが入る窓で気持ち良く…70
6　網戸・・・心地よい風を取り入れるために…72
7　リビング・・・笑顔があふれる家族の居場所…72
8　寝室・・・あなたの家の健康のバロメータ…73
9　和室・・・イ草の香りにいやされる部屋…75
10　床・・・素足で歩きたくなる気持ち良い床…76

11　玄関・・・住む人の顔と同じ…77

12　ベランダ・・・風を感じる憩いの場…78

13　照明器具・・・ホコリのない照明は健康の源…80

14　コンセント・スイッチ・ドアノブ・・・思わぬ事故や家庭内感染を防ぐ砦…82

15　フィルター・・・部屋の空気浄化のかなめ…84

16　壁・・・ビニールクロスは手アカとの戦い…84

コラム・名称紹介…85

コラム・とても便利なウエスのお話…86

第5章　掃除スキルをさらにアップ！

1　がんばらない掃除でワクワクきれいにしよう…88

2　「ついで〜ながら」掃除が一番…89

3　必要な場所に掃除道具（セット）を置く…90

4　掃除の3種の神器と言えば？…91

5　意地にならない！　「1日15分」の小掃除（こそうじ）…92

6　付箋紙でカンタン貼り替え「掃除カレンダー」をつくろう…94

7　天気別掃除…96

8　掃除ロボットとも仲良く…97

　　・掃除ロボットの適材適所は

9　目標を達成したら、ご褒美を…98

コラム・ビフォアー・アフター写真と解説…100

第6章　掃除の前に整理整頓

1　掃除がしやすい部屋づくり…102

　　・掃除と片づけは別物

　　・整理と整頓も別物

　　・整頓された状態を維持する秘訣

　　・整理整頓と収納も別物

2　我が家の定量ルールをつくりましょう…104

3　手に負えないものは家に持ち込まない…105
4　捨て方の判断基準…106
5　魔法の言葉…108
　　・その1「何でもよいので1日5個捨てる」
　　・その2「かもごと」捨てる
6　新商品に惑わされない　衝動買いをしない、買わない工夫…110
コラム・「私は人格崩壊者です！」…112

第7章　お客様をいつでも呼べる家になる

1　今から30分後にお客様が‥‥‥114
　　・玄関
　　・廊下
　　・トイレ
　　・洗面所
　　・リビング
2　お客様の目線で見る掃除のポイント…115
3　「明日しよう」を「今日しよう」に変えるスーパーテクニック…116
　　①掃除機をかけない
　　②物を捨てない
　　③目障りな物は、まとめて隠す
　　④乱雑な物はきれいに重ねたり、並べ直す
　　⑤目につくポイントのみをきれいにする
4　我が家流「掃除のルール」…118
　　・掃除は自己満足でやろう（自分のことのみをやる）
　　・きれいは伝染する
5　お客様をいつでも呼べる家になる…120
　参考　プロが使う掃除小道具…122

あとがき

第1章
命にかかわる室内環境
~見えないからこそ敏感に、「空気」の話~

第1章　命にかかわる室内環境　～見えないからこそ敏感に、空気の話～

1　食事より口から大量に入るものはなに

人が口に入れるものって何でしょうか

「食べ物」と「水」と「空気」ですね。

では全体を100％として、摂取する「食べ物」の占める割合は何％でしょうか？　答えは約「7％」と言われています。朝、昼、晩と3食、食べているにも関わらずわずか「7％」です。

では「水」は何％でしょうか？　実は約「8％」と言われています。

水がないと生きていけないのにこの数値。

少な過ぎる割合にビックリされる方もいらっしゃるでしょう。

それでは「空気」は何％でしょう？　約「83％」と言われています。

食べ物7％、飲み物8％、空気83％、その他2％となっています。

そのことは、東京大学名誉教授の村上周三博士が『臨床環境医学第9巻第2号』の「住まいと人体」の中で説明されています。

さらに「我々は濁った水を飲むことには強い拒絶反応を示すが、濁った空気を吸引することにはそれほど強い拒絶反応を示さない。清浄な水を確保することが人間生活にとって不可欠であるように、正常な空気を確保することも人間としての基本的な要求です」と強く語っていらっしゃいます。

食べ物も水も空気もないと人は生きていけません。村上周三博士がおっしゃるように「空気」が1番大切なのがわかります。

空気そのものは透明なのに、たくさんの表現があります。

・森林の中にいるようなさわやかな空気
・澱んだ重苦しい空気
・たばこ臭や野菜が腐敗したような汚れた空気

さて、あなたのご自宅の室内は、さわやかな空気でしょうか？

それとも澱んでいますか？

もしも澱んでいるなと感じたら、危険信号が灯っている可能性があります。

特に、高気密高断熱住宅に住んでいらっしゃる方がそのように感じられたなら、直ぐに窓を開け、空気の入れ替えをすることをおすすめします。

2　部屋の空気と外気はどっちがきれい？

空気の澱んだ室内の空気は外気と比べて汚れている

　人間は「空気」がなければ生きてはいけません。そのことは前述しました。空気が汚れていると、病気の引き金になったりします。

　ところで、家の外の空気は、家の中の空気と比べてどっちがきれいなのでしょう？実は、大気汚染問題があるために、家の外の空気のほうが汚れていると思ってらっしゃる方がほとんどです。

　「PM2.5」「花粉」「黄砂」「ダイオキシン」など外気が汚れている情報は、ちまたに溢れていますので、無視はできない問題です。そういった状況を踏まえ「なかなか家の窓を開けられない！」とおっしゃる方が増えています。だからといって窓を閉め切ったままにするのは、本当はとても怖いことなのです。

　今ではこれらの飛散状況は、各市町村が観測結果を新聞やホームページに記載するようになっています。新聞を読まれていない方でも、スマホなどで逐一新しい情報を手に入れることができます。

　それらをマメにチェックすることで、大気汚染からの大きな被害から免れることは可能です。

　外は風が吹いています。そのおかげで、汚れた空気がそこにとどまることはありません。必ず、空気のきれいな時間帯があるのです。

　一方、窓を閉め切ったままの部屋の中は、空気の流れが悪くなり「澱み」「汚れる」のです。つまり、空気の澱んだ室内の空気は外気と比べ、汚れているということになります。

　大気汚染が少なく、比較的安全な時間帯を選んで「窓を開けて空気の入れ替えをすること」は、健康を守るために非常に、大切な作業なのです。

　常に、室内の空気環境をチェックすることを忘れないようにしましょう。

3　正しい窓の開け方

対面に窓のある部屋の例

　大気汚染が怖くて家の窓が開けられない方のために、正しい窓の開け方をお知らせしたいと思います。「窓に正しい開け方があるの？」と思われる方が多いと思いますが、あります！

　対面に窓がある部屋を例にします。風が入ってくるほうの窓を少し開けます。その対面にある、風が抜けるほうの窓を大きく開けます。

　風が入ってくるほうの窓が少ししか開いていないため、吸気がよくなり、大きく開いている窓の排気がスムーズに行き、風がサーっと通り抜けるのを実感できると思います。

換気扇の活用

　対面に窓がない！　とおっしゃる方には換気扇の活用をおすすめします。換気扇とできるだけ対面の窓を、5センチ位開けて換気扇をまわすのです。

　換気扇は「排気する」役目がありますので、換気扇とできるだけ対面の窓を少し開けて「吸気」するのです。「排気」と「吸気」が同じだと排気しません。「吸気」は少なく「排気」は大きく、が室内の空気を上手に入れ替えるコツです。

　それから、大きな勘違いをされているのが浴室換気の仕方です。

　浴室の換気扇を回すとき、出入り口のドア（扉）は開けていらっしゃいますか？

　この質問をすると、大多数の方は「浴室は閉め切ったままです！」とお答えになられます。浴室換気扇の正しい使い方としては換気扇を回すときは、出入り口のドア（扉）は少し（5センチ位）開けておきましょう。

　換気扇は、浴室内にこもった空気を排気するための道具です。換気扇の排気の力は強いので、吸気を促すには出入り口のドア（扉）を少し開けることです。バランスを取り一気に排気を促します。

　また、冷たい空気は暖かい空気に引っ張られて入ってきますので、浴室内の温度が一気に下がります。間取り的に難しいお宅もあるかもしれませんが、工夫してみてください。

4　通風・通気のススメ

新鮮な空気は心身の健康に欠かせない

　我が家は築30年。昔ながらの在来工法で大工さんが建ててくれました。和室や押入れの壁は漆喰、浴室はタイルの壁と床です。

　夫の実家は大分県中津市耶馬渓にあり、築100年。

　夏は風が通り、エアコンなんていりませんが、その分、冬の暖房はほとんどききません。冬に夫の実家に帰省するときはカイロを貼りまくり、ご飯を食べるときもコートを着ています。

　気密性や断熱性が低かった昔の住宅環境は所謂「スースー」と隙間風が吹き抜ける建築でした。「窓を開けなくても、木（木材）と土（土壁）と紙（襖や障子）で、できていたので「隙間風」が通り抜けていたのです。

　しかも、専業主婦が多かった時代は当たり前の家事として、毎日掃除が行われていました。隙間風による自然通風に加えて、掃除のたびに家の窓は開けられていたので、汚れた空気は家の中にとどまることなく「新鮮な空気」と入れ替わっていました。

　アルミサッシ枠が、木枠に代わって本格的に普及し始めたのが昭和30年代。高気密高断熱への取り組みは昭和28年に北海道から始まったそうです。

　それから色々と改良を加え平成11年の次世代省エネ基準で気密工事が明示され、国が方向を示した形になりました。また、平成15年夏にシックハウス対策のため、24時間換気の義務化も始まりました。「高気密高断熱住宅」の目的は「省エネ」です。夏も冬も常に一定温度。1年中、隙間風から解放され、暮らしやすくなった反面、通気の悪い家となったわけです。

　また、生活環境や暮らし方も大きく変わってきました。夫婦共働きは当たり前。朝から家族全員が出掛け、1日中閉め切ったままで誰も窓を開けず、通風をしない生活が当たり前となっています。意識的な換気が重要です。

　私が換気・通気にこだわるのは、新鮮な空気は心身の健康には欠かせないものだからです。住まいの最終的な目的は「身体の健康、心の健康、家族の心の絆を育む場」ということに尽きるからです。

5　室内の空気を浄化するポイント

通気口

　高気密高断熱住宅にお住まいの方が窓を開けるだけではなく、室内の空気をきれいにするための「もう1つ肝心なこと」をお話したいと思います。

　それは、空気の入れ替えをする換気口に、もれなく付いているフィルターの掃除です。換気口は、40坪位のお宅で約8か所あるそうです。たとえ24時間換気であってもフィルターが汚れていると換気ができません。

　また、キッチンについているレンジフード(換気扇)のフィルターが油まみれになっていたら、きちんと換気をしません。レンジフード(換気扇)そのものが油まみれでも、排気をしません。ですから室内の空気をきれいに保つには、まるごとレンジフード(換気扇)の掃除が必要になります。

　浴室がカビだらけだったら、入浴しながら湯気に入り込んだ、カビの胞子を吸うことになります。

　家中すべての空気をきれいにするのが、掃除の目的なのです。

ホコリの点検ポイント
・レンジフード（換気扇）本体〔キッチン・浴室・トイレ等に付いている〕
・レンジフード（換気扇）フィルター〔キッチン・浴室・トイレ〕
・フィルター（エアコン）各換気扇〔風呂・トイレ・台所・換気口〕
・空気清浄機の掃除のフィルター
・カーテンレール・照明器具のホコリ払い
・天井・壁のホコリ払い

空気がきれいじゃないといけない所
・寝室
・リビング
・キッチン・ダイニング
・浴室
・寝具　寝ている間に寝返りを打つ（体重の重さでホコリをたたき出す）

6　無菌室のこと

無菌室とは

「無菌室」って聞いたことはありますか？

「無菌室」と言えば白血病（血液のガン）の患者さんを思い浮かべられる方が多いと思います。ガンの患者さんは極端に免疫が落ちるため、空気中の菌に感染しないように、無菌室に入ることが多いからです。

病院の無菌室の定義に、「清潔な環境を保つためには、毎日の整理整頓も重要なポイントとなります。ベッド周りやテーブル周りなどは常に清掃を行い、ホコリなどが溜まってしまわないように配慮します。アルコールティッシュなどを使って掃除をすることで、事前に防いでいることが多いでしょう」と書いてあります。

あるいは、病院だけではなく工業用の無菌室もあります。こちらは「クリーンルーム」と呼ばれるようです。

電子工業ではちょっとしたホコリが回路に触れてしまうだけでも、異常が生じてしまいます。回路に欠損が起きていたり、不良が発生する可能性があるため、常に空間を清浄する必要があるのです。

また、バイオクリーンルームと呼ばれるものがあり、こちらはバイオテクノロジーにおいて用いられます。

知り合いにバイオテクノロジーの会社に勤めている人がいますが、その方がおっしゃっていました。空気中にはどんな場所でも浮遊微生物が存在しているので、クリーンルーム内での清掃には数百万円もする掃除機を使ってホコリ除去に努めるのだと。

このように、無菌室とは「バイ菌のない部屋」ではなく「ホコリ退治に努めている部屋」ということになります。
ホコリが空気中に浮遊する菌の媒体となるために、必死でホコリを除去しているのです。

昔はホコリでは死なない！　と言われていましたが、現代では、ホコリで死ぬかも？　と意識を改めることが、健康に暮らすために、肝要かと思います。

第1章　命にかかわる室内環境　〜見えないからこそ敏感に、空気の話〜

7　笑顔もない・会話もない・病む家

ソコソコきれいならいいが・・・

　訪問したお客様のことをおしなべていうと、散らかっているお宅、汚れているお宅にお住まいのお客様は、孤立されています。

・汚いから友達を呼べない
・散らかっているから、くつろげなくて、ケンカが絶えない。

　くつろげなくてイライラして、プチ鬱(うつ)状態の方も多々いらっしゃいます。
　掃除も片づけも毎日ついて回る家事です。
　例え10分でも、毎日コツコツやっていれば、家はそんなに散らからないし、汚れません。
　でも、今は皆様多忙なので、夜仕事から帰って来たらゆっくりしたい。お休みの日はなにもしたくない…。
　それが積もり積もって、汚れ過ぎて手に負えない！　くつろげないという負のスパイラルを招くのです。
　モデルハウスのようにきれいでなくても、ソコソコきれいならいいのです。
　仮に他の部屋は散らかっていても、団欒(だんらん)の場所であるリビングだけはきれいにしておく、など工夫しましょう。
　ソコソコきれいなお家は家族間の会話が増え、笑顔が増えくつろぎの空間になります。
　会話もない、笑顔もないお宅は、病んでいると言っても過言ではない気がします。あなたのお宅は大丈夫ですか？
　ご飯を食べるときに1つのテーブルに集まり、今日の出来事を話していますか？

茶色の空気の家の話

　実際にお伺いした『茶色の空気の家』のお話です。
　こちらのお宅は8人家族。
　戸建てにお住まいです。

とにかく物が多いのです。

玄関から、座敷、広縁等、至る所に物が溢れているため足の踏み場がありません。物が多過ぎて、折角大きな窓があるのに、開けることすらできないのです。それでも家族はとても仲良し。

笑い声に溢れていました。

でも、家族のお２人を除いては、全員アレルギーでした。

それも、かなり重症なアレルギーです。

お嬢様は、しょっちゅう入院。

お母様は、リウマチ、鬱。

ご子息も鬱気味。

お伺いする私の滞在時間は40分が限度。

それ以上居ると私の頭も痛くなりますので、滞在不能に陥ります。

このご家族、掃除をなさいません！　片づけもされません！　というか、物が多過ぎるため、実質、掃除が不能状態です。コレクターかと思う程、物が多いのです。

窓も開けられない状態ですから、空気が淀み茶色いのです。

ご本人達には、空気の色は見えてなくても体はしっかりと空気の淀みと汚れを感じて、病んでらっしゃるのです。

空気が淀み汚れている！　ということはそのまま放置してはいけない事実なのです。

お２人を除いては！　と最初に書きましたが、このお２人は同じお宅に住みながらも部屋の中は物が少なく、常に「窓」が開けられる状態でした。

このお宅の事例からもおわかりかと思いますが、同じ家の中ですら、窓を開けて常に新鮮な空気を取り入れている部屋と、物に溢れて、締めきったまま空気が淀み汚れた部屋では、健康状態がこうも違うのです。

窓を開けて常に新鮮な空気を入れましょう！　と口を酸っぱくして言う原点となったお宅のお話でした。

あなたのお宅のお部屋の空気は透明ですか？

もし、茶色かも？　と心当たりがあるなら、速攻窓を開けて家の中へ外気を入れましょう。

第1章　命にかかわる室内環境　～見えないからこそ敏感に、空気の話～

8　掃除とは「空気をきれいにする」こと

2人に1人はアレルギーがある

　掃除の本来の目的は室内の空気をきれいにすることです。

　私が、「命にかかわる！」とまで言い切る程、「室内環境」になぜこだわるのか？

　政府が「国民の3人に1人が何らかのアレルギーがある」と発表したのは2004年頃だったと思います。

　それまでのアレルギーの原因は、主に「食物アレルギー」という認識でした。

　ところが、政府は「アレルギーの原因はハウスダストである！」と言い出したのです。

　私はハウスクリーニングを生業(なりわい)としていますので、とても納得できました。

　そしてお客様の協力を得て、社内で独自アンケートを実施しました。

　「アレルギーがある」と答えた方は、何と政府の調査結果を上回って、「2人に1人」だったのです。

　アレルギーがあると答えてくださったお客様のお宅は、確かにホコリがたくさんありました。

アレルギーがあるお客様に共通していること

　どこも共通していたのは、4つのポイントです。

①窓を開けない。
②床に物が散乱している。
③居室に結露が多くカビがある。
④隅にホコリが異常に多い。

　これらの現状から引き起こされたアレルギーなどの健康被害を多く目にしてきました。

　だからこそ、「室内の空気環境のこと」を訴えていくのが、私の使命だと感じました。

　結果、私が考える「掃除」とは「室内の空気をきれいにすること」なのです。

9　誰もが「掃除」できる大人になろう！

掃除は生きるために必要な大人のマナー

　最近は汚部屋に住んでいても気にならない！　という人種も増えてきました。どうやったら、こんなに汚れるの？　と聞きたくなる汚部屋もたくさんあります。昔は汚部屋に住んでいらっしゃる方は、まれでした。時代は変わったなぁ〜と感心したりします。

　汚部屋に住んでいる方々の共通項があります。

- ☑ 家庭不和
- ☑ 孤独（人を呼べない）
- ☑ アレルギーや喘息の方が多い

などなどです。

　これでは、これからの時代は生きていけなくなります。

　今や4人に1人が65歳の高齢者と言われています。2050年には、5人に1人が80歳以上の超高齢者になるそうです。一方で少子化の影響で若い人は少なくなります。

　ハウスクリーナーや家事代行業の人を雇うには、お金がかかります。そして、年金生活者にとっては、痛い出費になります。

　本来、掃除は家庭の中で伝達されてきました。私も、父や母から、家事を手伝うように言われ、親がやることを見よう見真似で覚えてきました。ホコリはハタキではらい、箒で掃くだけでした。その後、雑巾がけです。簡単でしょう？

　家族の中で、掃除はお母さんがすればよいなんて思ってはいけません。お母さんが、病気したら誰がしますか？　誰もしなければ、たちまち汚部屋になります。見よう見真似でよいので、家族全員でやりましょう！　空気が澄んだ家で、気持ちよく暮らしましょうよ。

　誰もが掃除できる大人になりましょう。掃除ができる人の真似っこをすればよいのです。もはや掃除をすることは、大人として、最低限のマナーであると私は思っています。身近にお手本となる人が居なければ、私のブログやＬＩＮＥ＠をお読みください。図表1は、掃除の悩みです。

第1章 命にかかわる室内環境 ～見えないからこそ敏感に、空気の話～

【図表1　掃除に関してのお客様の悩み】

短時間で掃除を終わらせたい

汚いので友達を呼べない

掃除から解放されたい

きれいな部屋に住みたい

掃除の道具や洗剤がテレビCMされるたびにきれいになるのかも？　と夢見て買い込み、結局は使わずにゴミにしている。

第2章
ホコリとゴミの正体を知る

1　知っていますか？「ゴミ」と「ホコリ」の違い

室内のほうがホコリが多い

「ゴミ」と「ホコリ」。日常会話の中では、つい同じように使っている言葉ですが、実は全く別のものです。

また、一般的には外のほうがホコリは多いと考えていらっしゃる方が多いですね。そう言えば、掃除にお伺いさせていただくお客様の中にも「外からホコリが入るので、窓を開けないでください！」とおっしゃる方々が多数いらっしゃいます。

でも、調査によると室内のほうにホコリが多いことが判明しています。

外のホコリは砂ボコリなどの無機質な物が多いのに対し、室内はダニ、カビなどのたんぱく質系のホコリが多いのです。（参考文献・住まいと人体―工学的視点から―村上周三博士・東京大学生産技術研究所）

欧米では、室内でも靴を履いて生活しますが、日本では靴を脱ぎ裸足で生活しています。

その結果、フケやアカなどの「たんぱく質系のホコリ」の比率が日本では高いことが特徴です。

では、具体的にゴミとホコリの違いとは何でしょう？

「ゴミ」とは

・用が終わって、もう捨てられるだけ、あるいは捨てられた物。
・目に見えて手でつかめる。不快な印象を与えるだけで人に災いをなさない。

「ホコリ（埃）」とは

・人が歩くだけで、すぐ舞い上がるほどフワフワと軽いもの。

主に部屋の隅っこにある。中でも「ダニ・カビ」等の1mm以下の肉眼では見えない「有害なミクロのホコリ」のことを「ハウスダスト」といいます。

こうして、解説してみると「ゴミ」と「ホコリ」の違いがわかりますよね。

ホコリの中身を知ろう

「ホコリ」の中味についてお伝えしますと、有機物と無機物に分かれます(図表2)。

無機物は「土・砂・小石」等ですので、人体への影響はあまりありません。問題なのは有機物、特に「ダニ・ダニの死骸やフン・カビ・花粉」等に代表される「有害なミクロのホコリ」つまり「ハウスダスト」です。

人が暮らしている所には必ずあり、アレルギー性の病気の原因になります。

【図表2　ホコリの中身】

【有機物】	【無機物】	【ハウスダスト】
①衣類などの繊維（綿ボコリ）	①土、砂、小石など	①ダニ、ダニの死骸や糞、抜け殻
②食べかす		②カビ
③毛髪、犬や猫の毛等		③花粉
④紙片（トイレットペーパー等をちぎったときなどにできるもの）		
⑤排気ガス		

2　ハウスダスト3兄弟の性質

3兄弟　その1
・垢（フケやアカ）人間やペットの新陳代謝によるもの

3兄弟　その2
・カビ・・胞子、枯菌糸

3兄弟　その3
・ダニ・・死骸・フン・抜け殻・卵

ダニの居場所（図表3）

- 寝具類布団内部には1㎡当たり3億匹いるといわれています。布団の中はダニのパラダイス。

  ダニにとって布団は年がら年中、快適生活が送れる所。
- 子ども部屋
- フローリング
- ジュータン・カーペット
- 畳
- ソファ（食べこぼし等がある）
- 通気の悪い所

ダニ生息の条件

ヒョウヒダニは、25度以上湿度60％以上で増加

アレルギー疾患を起こすダニ

コナヒョウヒダニ、ヤケヒョウヒダニ

ダニの特徴

- ダニは80度以上の高温でないと死なないので、天日干しや布団乾燥機では死なない
- 生きているダニだけではなく、その死がいも害になる
- ダニの卵は薬品でも熱でも死なない

【図表3　部屋の中のダニの住み具合（1㎡当たり)】

表面	畳	50～1000匹
	じゅうたん	5000～10000匹
	ふとん	50～300匹
内部	畳	100万匹～1000万匹
	じゅうたん	10万匹～200万匹
	ふとん	10万匹～3億匹

(出典：「住まいのダニとアトピー性皮膚炎」原重正著より)

3　ハウスダストと湿気は大の仲良し

ホコリが増え続けるワケ

　「カビ」も「ダニ」も生き物なので、窓際の結露や調理に伴う湿気が加わることで寝具以外の室内でもどんどん自己増殖します。

　「ホコリ」に湿気がついてカビが生えるのです。

　また、「カビ」は「ダニ」の大好物です。

　ですから「カビ」があると必然的に「ダニ」も増えます。

　「ダニ」は死んだら「ホコリ」になります。

　「ホコリ」と「湿気」がくっつくと「カビ」になります。

　こうやって家の中では「ホコリ」が増え続けるという負のスパイラルが永遠に起き続けるというわけです（図表4）。

【図表4　ホコリ（カビ・ダニ）と湿気の関係】

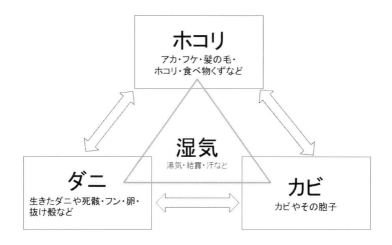

ホコリと湿気の対策が必要な場所

　特に湿気とホコリ対策を念入りにする必要な場所は次の3つです。

　①常時湿度が高いキッチン、浴室、トイレ、洗面所

　②換気をあまりしていない部屋

③日当たりの悪い部屋

　日頃換気をしない寝室は要注意です。一般的に湿度が80％以上で20〜30度以上温度があると、カビは元気に活動します。

　掃除の際に、水分を残さず拭き取り、最後にアルコール消毒を施すことで、カビの繁殖を遅らせることができます。

　湿気が溜まりやすいタンスの中や押入れの中などへの対策を怠ると、クロス壁や寝具などにカビが繁殖します。

　1日に1度は窓やドアをすべて開け、湿気を追い出しましょう。

　できる限りカビが生えない環境をつくることが一番です。

4　床上30センチの恐怖

ハウスダストの濃度の高いゾーン

　「床上30センチの恐怖」について考えてみたことがありますか？

　ハウスダストは、軽く、フローリングの床の上をフワフワと舞います。そのため、一番ハウスダストの濃度が高いゾーンが床上30センチなのです。

　1年中気をつけなければならない危険なゾーンでもあります。ハウスダストアレルギー（喘息・アトピー・鼻炎等）の方や、ハイハイをする赤ちゃんの顔はこの位置にあり、一番危険な空気を吸っているといえます。

　また、夜寝具で眠らない人はいません。

　眠っている大人の頭もこの位置にあり、ベッドで寝ている方も同様です。

　マットレスの上に置く枕の高さが、この危険ゾーンにあたります。呼吸す

るたびに、口からハウスダストをたくさん吸います。つまり、人間は寝ている間この有害な空気を吸っているのです。

寝具のダニはいつ増えるのか？　ということに関して興味深い資料があります。そこには季節の変わり目に、押し入れから出して使い始めたときが最も多いことがわかりました（詳細は第3章5項）。

ハウスダストに汚染された空気を吸いたくないのなら、ハウスダスト対策をした掃除が重要です。

5　カビはアレルギー疾患などの病気の元

カビの種類を知る

カビは病気の元凶と言っても過言ではありません。

カビは菌類の一種で、その種類は多種多様です。ここでは、よく見る「カビ」や代表的な「カビ」を紹介します。

・黒カビ

繁殖力が強く壁や衣類、クロス、風通しの悪い玄関の壁など家屋の様々な場所に発生します。アレルギー・喘息などの原因ともなります。

・ススカビ

発生を放っておくとプラスチックでも腐らせるほどの非常に強い力を持っています。胞子は非常に軽く、空気中に飛散しやすい上、浮遊時間も長いのが特徴です。

さらに胞子が大きいので鼻腔内に留まりやすく、花粉同様アレルギー性鼻炎の原因にもなります。

・赤カビ

赤カビは黒カビより毒性が強く、住宅の内装などにも繁殖します。赤カビがエアコンのフィルターや冷却器等に発生し、冷気とともに室内へ放出されると、アレルギー性の疾患を引き起こすことも。

エアコンをつけたときに「カビ臭」がしたら、早急にエアコンクリーニングをおすすめします。

カビによる健康被害

　カビは「VOC（揮発性化学物質）」を発生させ、シックハウス症候群の原因にもなるため、除去そして予防が必要です。このことは、イギリスの科学誌「ネイチャー」に発表されています。

　カビが原因となる肺炎には、アレルギーによる過敏性タイプと、カビの菌が肺の中で増殖してしまう間質性タイプの２つがあります。

　また、「トリコスポロン」というカビは「夏型肺臓炎」を引き起こす原因といわれています。隙間のホコリと湿気の合体によって発生しますので、隙間のホコリを除去することが大事です。体の免疫力や抵抗力が弱いお子様やお年寄りがいる家庭は、特にカビの繁殖に注意しましょう。

6　フローリングには絶対カーペット！

カーペットはダストポケット

　「ホコリ」は、繊維にくっつく習性があります。

　カーペット（ラグ）を敷くとホコリはそれに、ペターっとくっつきます。だから別名を「ダストポケット」といいます。「カーペット」を敷いたほうが、ホコリが舞い上がらないため、部屋の空気がきれいになり、部屋のホコリが極端に少なくなります。

　その証拠にエアコンのフィルターの汚れ具合を見るとよくわかります。フローリングの床の部屋についたエアコンのルーバーを下から覗いて見てください。こちらは汚れの付着率が高いですが、カーペット敷の部屋のエアコンの汚れはとても少ないです。しかもその部屋は、カーペットの部分だけ掃除すればすむようになります。

　「カーペットで有名な所」といえば、「ペルシャ絨毯」や「中国の段通」に代表されるように砂漠地帯です。カーペットは、砂漠地帯のホコリの多い所で生まれ、落ちたホコリ・運ばれてきたホコリを取るために発明されました。

　ただ、カーペットの上にはダニもたくさんいます。ダニがたくさんいるから不潔だといって、部屋の中からどんどんカーペットを剥がしていきました

が、全くの逆効果で、ダニが多かったのはフローリングの床のほうだったと実証されています（図表5）。

【図表5　フローリングとダニの対策】

※　参考資料『ハウスダストに関する意識実態の研究(第2報)』
〜フローリングの掃除とダニ対策について〜

花王株式会社/小笠原章・繁田明共著

研究の背景と目的
当初は、フローリングは乾燥しやすくダニが潜り込む隙間も少ないため、ダニはほとんど棲息(せいそく)できないことから、問題は少ないと考えていました。しかし、ふとん・カーペットに比べれば量的には少ないものの、測定した家庭では、厚生労働省のガイドライン値を超えるダニのフンが存在していました。(図1)。

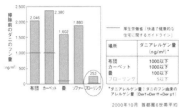
図1　掃除前のダニのフン量

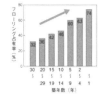
図2　住居床のフローリング占有面積

近年、住居内でのフローリング占有面積は年々増加し、特に新築一年未満の住居では74％と、非常に高くなっています（図2）。
居住者がフローリングのダニのフンや死がいに接触する機会は多くなっているものと考えられます。このことから、フローリング上のダニ汚染に関する検討が必要と考え、主婦のフローリング掃除の実態把握とダニ対策について考察しましたので、第2報として報告します。

カーペットのお手入れに、いわゆる粘着テープを使う人が多いようですが、これでは、表面のゴミしか取れません。おまけに表面に粘着部分が残り、空

中のホコリがくっつくという負のスパイラルに陥ります。

　私が掃除道具としておすすめするのは「キビ草の箒(ほうき)」です。コシが強くて良くしなりますし、キビ草の穂先がくねっているのでカーペットの中のホコリをひっかけるようにして取り除きます（図表６）。

　カーペットの素材は、綿やシルク、ウールなど、できるだけ天然のものがおすすめです。特にシルクは、夏は熱を発散して涼しく、逆に冬は蓄熱して暖かいので、年中ＯＫの優れものです。

【図表６　おすすめの箒アレコレ】

座敷箒(AKAE)
長さ　142㎝
特徴
キビ草でできています。畳・フローリング・カーペットに使えます。天井のホコリ払いにも最適！

ミニ手箒(TOMOEMINI)
長さ　37㎝
特徴
手で持つ部分までキビ草でできていますので手のひらになじみます。階段など狭い所に重宝します

ミニブラシ
長さ　25㎝
特徴
見た目も可愛く硬めのキビ草でできているため、ペットの毛取りや食べかすが良く取れます。

コラム　キビ草の箒は魔法の掃除道具

「箒」は掃除道具の1つで、室内外でさっと取り出して使えるアイテムです。電気を使わず静かに掃除ができるので、現代の住宅事情や生活環境にも合う掃除道具として再び注目されています。

箒にはいろいろな素材の物があります。

「キビ草」「棕櫚」「竹」「シダ」「ヤシの葉脈」等植物が原料です。最近ではナイロン製やビニール製もありますが、化学繊維の物はプロとしてはおすすめできません。植物が原料の箒で、1番馴染み深いのが棕櫚の箒ではないでしょうか？　これは棕櫚の木の皮を原料としてつくられていまして、とても優れた物ですが、残念なことに「畳」と「フローリングの床」にしか使えません。

その点、私がおすすめする『キビ草』でできた箒は万能です。

「畳」「フローリング」の他なんと「カーペット」も掃くことができます。

しなやかで適度なコシがあるため、掃きやすいのが特長です。

そのしなやかさ故、掃く所の素材に合わせて自然としなり素材に添います。適度なコシは掃除をする素材に入り込んだ、微細なホコリを余すことなく取り除きます。

私がおすすめする「キビ草」は、天然パーマがかかったように、穂先にくねりがあるのが大きな特徴です。そのくねりの先に「ホコリ」をひっかけるようにして掃き出すので、他の箒には取り除けない「カーペットの繊維に絡んだホコリ」を掻き出す力があるのです。箒には様々な種類の物がありますが、カーペットを掃ける箒は「キビ草」の箒だけです。

掻き出す力は強くても原料は草なので、どの素材にも傷を入れることはありません。箒、特に「キビ草の箒」は魔法の掃除道具としておすすめです。

7　吸引力の強い掃除機は必要？

掃除機の強い排気がホコリを舞いあがらせる

　朝、掃除機をかけても、3時間以上経ったお昼頃になると「あれ？　朝掃除機かけたのに…何でホコリがあるのだろう？」と疑問に思いつつ、再び掃除機をかけ直したという経験をお持ちの方は多いのではないでしょうか？

　掃除機をかけることで、強い排気がホコリを舞いあがらせ、しばらくすると再び床へ降りてくるからです。

　昔から「たたけばホコリの出る体」という表現が使われているようにホコリは本来叩きだすものなのです。

　家庭内に発生する有害なホコリ＝ハウスダストのことを先述しました。

　フワフワと軽くて、人が動くに連れ部屋の隅へ隅へと溜まっていくハウスダスト。特に、フローリングの床の部屋はその傾向が顕著にあらわれます。テレビの裏やタンスの裏側にホコリが多いのはそのせいです。また、照明器具やカーテンレールの上にも多くのホコリが発見されます。これを退治するのに、吸引力の強い掃除機は不要です。

排気が外に出るように窓を開ける

　ヘパフィルター等、高性能のフィルターを装着していても、ミクロのハウスダストは排気力の強い掃除機の場合、高性能のフィルターをすりぬけていきます。

　ですので、掃除機を掛けるときは必ず排気が外に出るように、窓を開けて、後ずさりしながら掛けるようにしましょう。

第3章
掃除のイ・ロ・ハ

第3章 掃除のイ・ロ・ハ

1 掃除の基本動作はＫ＋３Ｈ＋Ｍ

掃除の基本は換気・はたく・拭く・掃く・磨く

　掃除の基本は換気（K）、はたく・拭く・掃く（3H）、磨く（M）です。

・はたく

　化学繊維のハタキ（ポロプロピレン製）でパタパタではなく、上から下へなでるようにホコリを落とす。まず天井やカーテンレールや照明器具や壁や家具などの高いところからホコリを落とす。

・拭く（脱水タオル／セミウエット雑巾）

　乾いたタオルではホコリを左右に移動しているだけでとれません。ホコリをキチンと取り除くには、適度な湿り気が必要です。

　私は湿り気を均一にするためにタオルを脱水機にかけて半乾きの状態にしたタオルを使います。山口由紀子オリジナルなので名付けて「脱水タオル」と呼びます。

　この「脱水タオル」の適度な湿り気は確実にホコリをキャッチし、尚かつ

【図表7　16面タオルをきちんとつくるコツ】

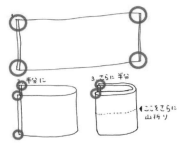

「タオルの大きさと素材」
34cm×85cm程度のフェイスタオル
素材：綿100％

常にきれいな面がでるように「きちんと折り返し」掌に載せて使う。途中で洗ったりしないので作業効率が上がります。
※丸印の部分をきちんと合わせること。
※表8面、裏8面で16面になります。

水気を残しませんので、2度拭きが不要です。
　脱水タオルを使うときは脱水タオルの四隅をキチンとそろえて八つ折りにします。汚れたら常に新しい面が出るように畳み変えながら拭いていきます。
　表面を使い終わったら裏の8面を使います。合計16面使える優れ物です。
　掃除の効率を上げるには、いかにタオルを手から離さないか！　2度拭き等の同じ動作を繰り返さないかがポイントになります。
　掃除する度にバケツでタオルを洗うのは掃除の効率を半端なく下げます。
　毛羽立っていない使い古しのもので、できれば白色か、なるべく柄のないタオルが使いやすいと思います。
　拭き掃除の場合は脱水タオルの幅を充分に生かして、直線で拭くと効率がよくなります。あちらこちらにタオルを動かさないこと。
　畳を拭くときは、部屋の奥から入り口まで後ずさりしながら拭きます。また、畳は湿気を嫌うのでお天気のよい午前中に拭きましょう。

> 「拭く」は「福」に通じます。
> 　1日1か所でもどこかのホコリを拭いたり、光る物についた水気を拭くだけで、我が家はピカピカに見えます。光る所に「福」は宿るのです。

・掃く

　部屋の奥に立ち、入り口に向かってごみやホコリを出口まで掃いていきます。フローリングは板の方向、畳は「目」の方向に沿って箒を動かしていきます。

・磨く

　いつも必ず磨くのではなく、場所に応じて行いましょう。
　汚れの酷い所は磨く！　そうでもない所は拭く！　という具合に分けます。
　掃除の鉄則は「上から下」ですが台所の壁の油汚れは特別です。「下から上へ、汚れをかき上げるように」拭き上げていきます。
　ドアや壁等の手アカ汚れは、中心から外へ向かって放射状にぼかすように磨き、仕上げも全体をぼかすようにするのがきれいに見せるコツです。くれぐれも真っ直ぐに拭かないようにしてください。

2　上から下へ・奥から手前へ

掃除の鉄則

　掃除には、「鉄則」があります（図表8）。
　「上から下へ」「奥から手前」です。
　ホコリは上にありますから、まず天井や壁やカーテンレールや棚等のホコリ落しをします。その後、床の掃き掃除、拭き掃除をしますが、掃除を始めるときの立ち位置は部屋の奥から始めます。
　天井のホコリを落す前には、床の上に置いてある物をテーブル等の上等に上げ、床にはなにも物がない状態にしたあと、テーブルの上に新聞等をかぶせてホコリがかぶるのを防ぐことを忘れないようにしましょう。
　手間をかけずにきれいに掃き掃除をするには、動線を「奥から手前へ」と運びます。つまりまず掃除をしたい部屋の入り口から一番奥に立ちます。そして、入り口に、お尻を向け、後ずさりしながら掃き掃除を始めます。
　拭きそうじも同様です。そうすることで、自分の足の裏の油も落ちた髪の毛等も残さず掃き取ることができます。
　二度手間をしなくて済みますから、短時間でスッキリと部屋の掃除を済ませることができます。
　「動線の効率化」は掃除をする人が「最低の動きで最高の効果を上げるためには最も大切なこと」なのです。

【図表8　掃除の鉄則と道具】

掃除の鉄則	道具（3種の神器）
1. 換気 2. 上から下へ 3. 奥から手前 4. 光るものは光らせる 5. 白いものは白く	1. ほうき 2. ハタキ 3. 脱水タオル ※16面使える

×

順番は、はらう→拭く→掃く

3　掃除の効率化が、苦手意識を変える

①拭き掃除と磨き掃除は同時にしない

　どうしても同じときにしなければならないときは、タイマー等を使い、短時間で止めるようにします。その場合、15分程度を目安にしましょう。

②汚れのひどい部分は磨く、それ以外の部分は拭く

　ドアや鏡、壁などの広い部分に対して同じ動作を続けるのではなく、2つの動作をうまく組み合わせましょう。

③「ひどい汚れから軽い汚れ」へと移行する。

　ひどい汚れは、時間も体力も使いますので、ひどくなる前、さらに元気でやる気もあるうちに早めに取り掛かりましょう。

④性質の違う汚れは同時にしない

　例えば、バスタブ磨きと換気扇の分解洗浄は別の日にするのが理想。汚れの種類が違うし、掃除の道具も使う洗剤も違います。

　下処理にも時間がかかるため、日を変えて掃除するほうが効率が上がります。

⑤磨き過ぎ、こすり過ぎは要注意

　磨き過ぎたり、こすり過ぎると、素材を傷めてしまいます。一度傷を入れるとその傷から汚れが入り込み収拾がつかなくなります。

　強い洗剤も同様です。特にホーロー製品等は表面のガラスコーティングを溶かしたりしますので、気をつけましょう！

　ちまたで万能と噂されるメラミンスポンジを使ってもいいのは、ステンレス・鏡・陶器のみです。木製の物や樹脂やホーロー製品や塗り物等に使うのはNGです。白くてフワフワしているので大丈夫そうだと思いがちですが、実際は傷を入れることになります。私は、メラミンスポンジをむやみに使ったために取り返しのつかなくなったお宅を何件も見てきました。

4　光るものは光らせる、白いものは白く

　鏡やドアノブ、シンクなどがピカピカならば、部屋全体も明るく見えます。
　洗面所の鏡や蛇口が曇っていたり、ホコリをかぶっていたら、何となくお部屋全体が薄汚れて見えたりしませんか？
　掃除の鉄則に、「光るものは光らせる、白いものは白く！」というのがあります。その部分がきれいであれば、家の掃除がいき届いて見えます。
　その中でも、光るものの光らせ方は、とても重要なポイントになります。
　家の中で「光り物」と言えば、水道の蛇口や鏡などです。そのポイントを押さえると見違えるように部屋が美しく変わります。

鏡のお手入れについて
　鏡は身だしなみを整えたり、健康をチェックしたりと、日常生活に欠かせないアイテムです。しかし、鏡を覗き込んだときに曇っていたり汚れていたりすると、それだけでなんだか気分が台無しになってしまいます。
　特にお風呂場や洗面台など水回りにある鏡は、水アカ汚れが気になりますね。鏡についた水アカ汚れは「水道水に含まれるミネラル」や「石鹸カス」そして「皮脂汚れ」等が付着したものです。
　これらの付着度が激しくなり、鏡が真っ白になることを「ウロコ」が付いている！　などと表現されます。こうなるとプロ泣かせと言われる位難しいです。浴室にある鏡はお風呂上りに水切りワイパーで、水を切り、乾いたタオルで拭いておけば、鏡が「真っ白になる」程ひどくなることはありません。
　水切りワイパーで水を切るのは1分もかかりませんので、毎日のお風呂上りに是非実践してみてください。小さなお子様にもできるので、一緒にやって見せると面白がってやってくれます。
　洗面台の鏡についた水アカは、毎日の歯磨きのときや風呂上りにチェックしましょう！　きれいに仕上げるには、乾いた布でカラ拭きするのが一番のコツです。水拭きでついた細かな糸くずなどをカラ拭きで落とすことができます。直ぐに拭けば簡単にきれいになります。メラミンスポンジを使い過ぎ

ると鏡の表面のコーティングを剥がすことになるので注意が必要です。

5　寝室の掃除と寝具の手入れは1番に！　日課で

ハウスダストが一番多く発生するのが寝室

　たとえ、毎日風呂に入ってきれいに体を洗ったとしても、人体に有害な「ダニ・カビ等のハウスダスト」が、一番多く発生するのが「寝具」です。

　寝室は、最優先で、毎日衛生的に保つ必要があります。

　布団の中にはダニの生息条件が完璧なまでに揃っています。まず、新陳代謝に伴う「フケ、アカ」という「エサ」があります。また、人は一晩の間にコップ1杯の汗をかくといわれていますので、ダニの好む湿気（ダニが好む湿度60～80％）があります。そして、体温という温もりがあります（ダニが好む温度は25～28℃）（参考文献ダニと病気のはなし　江原昭三・高田伸弘編著より）。

　現在の家は、昔と比べて気密性が増し、窓を開ける回数が減ったこともあり、家の中で発生したハウスダストが家の外に出にくい状況です。

　室内で吸い込む空気の質が食べ物や飲み物以上に、家族の健康に与える影響は大きく、特に1日のおよそ1/3の時間は睡眠に費やされます。

干して、叩いて、必ず掃除機をかける

　お客様を招くリビングだけをピカピカにするよりも、実は寝室の毎日の手入れを怠らないことが、家族の健康を守ることになります。

　ところで、寝具から「ダニ・カビ等のハウスダスト」を除去するためには「干して、叩いて、必ず掃除機をかける」が一番です。寝室に、掃除機を置くことをおすすめします。

　布団叩きの目的は、ダニを表面に押し出し、花粉・黄砂を捕るためです。

　ただし、掃除機をかけないのなら叩いてはいけません。

　布団はダニ増殖の条件が整っているため、秋になって、厚手の布団を押し入れから取り出して使うとぜんそくの発作が増えるといわれます。

6　暮れの大掃除はナンセンス

　大掃除と言えば12月。日本中がこぞって大掃除という言葉に明け暮れる月です。
　年末に大掃除をする意味は1年の厄、家とご自身に溜まったスス（ホコリ）を払うため。そして、新年に年神様を気持ちよくお迎えするためのもので、日本人独特の文化です。でも、私個人としては寒い時期に大掃除なんてしなくてもよかろうに…と思います。

大掃除ベスト3
　おそうじジョーズに、ご依頼される大掃除場所ベスト3は、「換気扇の分解洗浄」「窓ガラス拭き」「浴室クリーニング」です。
①換気扇の分解洗浄
　掃除が苦手だと思っている方にとっては、真冬の「換気扇の分解洗浄」は油が寒さで固まるため、手間暇がかかり相当な苦戦を強いられるので、向いていません。換気扇の分解洗浄に向いているのは、油が溶けやすい夏です。
②窓ガラス拭き
　窓ガラス拭きもあまり向いていません。わざわざ寒い12月にしなくてもよいと思います。どうしても年末に近い時期を選びたいのなら、まだ晩秋の11月半ば頃を選びましょう。年末まであと1か月程ですから、窓の美しさを保てます。ちなみに最適な季節は湿気の多い梅雨です。
③浴室クリーニング
　水アカや湯アカやカビ等、性質の違う汚れが混在しているため、汚れ落としに対する知識・気力・体力が要る場所ですから、12月の大掃除は避けたほうが賢明です。大掃除を成功させるにはモチベーションの維持も非常に重要です。

大掃除の目のつけどころ
　大掃除だからといって、家中をすべて隅々まで掃除する必要はありません。

普段の掃除では手をつけていない箇所や、ここだけはきれいにしたいという箇所をまとめて掃除する、それが大掃除と考えてみましょう。

　日頃はしない大きい家具の裏に溜まっているホコリや冷蔵庫の下や隅のホコリを取る、カーテンレールの上のホコリを拭き取る。窓のサッシのゴミをかき出すなど、日ごろ見て見ぬふりをしている所のホコリ払いをしましょう！

　効率良く掃除をするには、まず、どこを掃除したいかを決めます。目についたところから始めて中途半端に終わってしまうより、決めた場所を1つずつきれいにしていくほうが達成感もあり、おすすめです。

7　掃除道具はしっかり選ぼう

プロ仕様はなにが違う？

　ハウスクリーニングのプロが使用する洗剤や道具は家庭用とは違います。

　プロが行うハウスクリーニングは、効率よく、最速最短で確実に、なおかつ傷等を入れず、可能な限りきれいにする必要があるため、洗浄力が強い洗剤や資材を使用しています。

　もちろん使い方を間違えると危険な商品もありますが、使用方法さえ守ってさえいれば、素人でも簡単に汚れを落とすことができます。

　ただし、私が経営するおそうじジョーズは、汚れ落としに強く、地球環境に配慮した洗剤を使っています。もちろん道具も厳選しています（図表8）。

・スポンジ

　①傷がつかない物、②耐久性が高いこと、③水切れがよいこと、④同じスポンジで色違いの物があること（作業する場所別に色を変えて使えるので衛生的）等に配慮しています。

・ナイロンたわし類

　研磨作用がない物をまず選びます。その上で素材別に柔らかい物からハードな物まで使い分けるようにしています。

・ハケ

　毛抜けが少ない物を選びます。毛抜けがあると、掃除をした所に毛が残り

要らぬ作業が増えます。(DIY店で販売している質の良い物を選ぶこと)

・箒（ほうき）

　植物性の原料の物で化学繊維の物は選びません。化学繊維の物はどうしてもホコリを空気中に舞わせてしまうから作業効率が下がります。

・雑巾

　縫わないで、タオルをそのまま折り畳んで使います。

　色はできれば白い物がいいです。汚れた雑巾をそのまま使うと汚れていない所に汚れが移ります。また拭く手間が増えることになり作業効率が下がります。

　掃除の効率を上げるにはいかに雑巾を手から離さないかです。また白い物だと直ぐに汚れが目につきますから、折り返すタイミングや、取り換えるタイミングを見誤ることがありません。

・磨き用の洗剤

　素材に傷を入れないように、研磨作用が入ってない物を選びましょう。

【図表9　掃除が大好きになる小道具】

水切りワイパー
簡単に水を切る事ができます。窓・シンクや浴槽・洗面台などで大活躍です。残った水滴は乾いた布巾等で拭けばOKです。水アカをつけない為の必需品です。

豚毛チャンネルブラシ
天然の素材なので、これを使うと洗剤が不要。余分な水気の拭き取りだけで済みます。冷蔵庫のゴムパッキン掃除の必需品です。

ケレン

ケレンは床等にへばりついて黒くなった塊の汚れ等をはがし取るのにも便利です。使いなれると素材に傷を入れずに「水アカ」も取る事ができます。

ハケ

巾木や、スイッチ周り等のホコリを払うのに便利です。汚れたら簡単に水洗いできます。ホームセンターの塗装用品コーナーで使用場所に合わせて毛先の幅(2.5〜7cm)を選びましょう。

これらの小道具を使いこなせるようになると掃除が好きになります。

8 プロの仕事の極意は「養生」あればこそ！

3つの養生

　一般に使用される「養生」という言葉は、健康になるように体調を守ることですが、その意味が転じて掃除の現場でも使われるようになりました。限られた時間の中で「汚れた所」を「きれい」にするには必ず「養生」をします。
　「養生」にはおおむね3種類あります（図表10,11,12）。

① 「洗剤養生」

　「洗剤養生」といって洗剤等が余計なところにつかないように、あらかじ

め汚れた所に「洗剤をかけて」ラッピングして汚れを緩（ゆる）めることをいいます。ラッピングの目安としては「15分～30分」くらいです。

②水養生

また、主に浴槽などに行う「水養生」は最初にシャワーなどで「水」を撒（ま）き、「水で膜」をつくることです。洗剤を直接まいて「ヤケ（変色）」等を起こさないようにするためです（図表12）。

③「漬けおき」

「漬けおき」も「養生（ようじょう）」の1つになります。汚れた部品を外して洗剤を入れたバケツなどに漬け込んで汚れを緩めます（図表11）。

プロは決していきなり「ガシガシ」こすりません。「洗剤養生」「水養生」「漬けおき」を必ずします。そのほうが効率よくはかどり、仕上がりもきれいだからです。是非挑戦してください。

【図表10　洗剤養生の写真】

【図表11　漬けおきの写真】　　【図表12　水養生の写真】

9　洗剤は薄めに、水の力は最強
　　（洗剤神話は不要神話）

床の水拭き掃除はしない？

　最近の住宅では「床の水拭き掃除はしないでください」と大工さんに言われるそうです。私に言わせるとそれは全くナンセンスなお話です。一見きれいに見えても、普段から水拭きをしていない床には、目に見えない汚れが残っています。

　特に部屋の隅っこが黒ずんで見えるお宅は要注意です。

　子どもが持ち込んだ砂や泥、排気ガスなどによるばい煙、タバコ煙、手や足の裏の皮脂、食べこぼし…。さらに水虫菌、花粉やカビ、ダニなどもたくさん！　日本人は裸足の生活をしますから、足の裏の皮脂が床に残り、その皮脂にホコリがついて、床が汚れるのです。

　掃き掃除と拭き掃除にはそれぞれの役割があります。床を脱水タオルで拭いたら真っ黒になります。脱水タオルでの拭き掃除は「最強掃除法」です。

　ペット等を飼っていらっしゃるところは「ペットの毛」があるので、掃き掃除を先にしたほうがいいです。そうでない場合は、脱水タオルのみで拭き掃除をするほうがはるかに効率的です。脱水タオルは、水しか使っていません。水気もとても少ないので、２度拭きが不要。大幅な時短になります。

「掃除＝洗剤」という考え方もナンセンス

　水の洗浄力はとても高いのです。ただ皮脂汚れは水だけでは手ごわい場合もありますので、そのときはアルカリ性のキッチン用洗剤を極く薄めてお使いください。洗剤が濃いと、かえってベタベタして２度拭きが必要です。

　水の力を侮ってはいけません。すべてに洗剤を使うのは、２度拭きをしなければならないため時間がかえってかかり、使用後のタオル洗いにも多くの水を使うのでこれまた非エコです。脱水タオルで拭いた後の床を素足で歩いてみてください。その気持ち良さを実感できます。

10　汚れの種類を見極める

汚れの種類を知る

　一口に「汚れ」といっても種類が異なります。
　また、汚れの程度も差があります。
　さらに何の素材でできているかを取扱説明書などで調べておけば、素材を傷めません。
　同じ油汚れといっても、2〜3日前にできたものと、石のように固まったものでは処理の仕方が異なります。どの場所にできているかによって、汚れに応じた洗剤の濃度と道具を使い分けることが重要になってきます。
　汚れの特性として、大きく「酸性」と「アルカリ性」に分けられ、これを洗剤で中和させ、汚れを落とします。
　例えば、台所の換気扇等の油汚れは酸性なのでアルカリ性洗剤を、トイレの汚れはアルカリ性なので酸性洗剤を使います。一方で普段の軽い汚れには、中性洗剤で充分です。
　少し頑固な汚れには、クレンザーがあると便利です。ただし、研磨作用があるので、大量に使わないほうが賢明です。クレンザーを使った後はよく水で流さないと白い粉をふくことがあります。

掃除に必要な洗剤

①中性洗剤
②酸性洗剤（トイレ用）
③アルカリ洗剤（油汚れ用）
④磨くためのクレンザー（アルカリ性）
⑤白くするための漂白剤　（アルカリ性）

11　掃除道具のメンテナンスは必須

使った掃除道具は、洗って干して乾燥させる

　私達は、歯を磨いたら必ず歯ブラシを洗いますよね？

　食器類を洗ったスポンジ類も必ず洗います。洋服も着替えたら必ず洗います。でも、なぜか掃除道具のお手入れをしない方が大勢います。

　汚れを落とすために使った掃除道具は、汚れの他にバイ菌もついています。

　掃除が終わったら、掃除道具もキチンと洗ったり、清潔な布で拭いたりしましょう。洗った後はしっかりと乾燥させ、バイ菌をなくすようにしなければなりません。

　次に使うときに汚れたままの掃除道具を使えば、バイ菌が移ってしまいます。特に黒く汚れたタオルで白いクロス壁を拭くと真っ黒に汚れます。使って汚れた脱水タオルは毎回、塩素系漂白剤を適量入れて洗います。

　なお、洗うときは、キッチンや浴室等で使ったものと、トイレで使ったものを別に洗ってください。トイレは特に雑菌が多いので要注意です。

　トイレ掃除用のタオルは、使い古して穴が開いたものを使い捨てとして使えば洗わずに済み、キッチン用の物と、混ざる心配はないかも知れません。

　スポンジやナイロンたわし類は大した数ではないので手洗いします。ただし、洗剤類が残らないようにしっかり水で濯いでください。洗剤分が残ると、洗剤を養分にして雑菌が増えます。洗ったら、水気を絞り、靴下等を干すピンチハンガーにつるして干しましょう。

　ブラシ類は手洗いした後にタオルで水気を切った後に干します。

　ゴム手袋や軍手は薄めのアルカリ性洗剤で洗います。手袋の裏側は結構汚れているので、裏に返して洗い、干して乾燥させましょう。

　ケレンや竹串等も、刃先や串の先をきれいな布で拭き上げた後に、乾燥させます。

　掃除が終わった直後に掃除道具をお手入れしておけば、傷んで使えなくなった道具の買い替えや買い足し等もできます。いざ掃除！　となったときに困りません。掃除の終わりは掃除道具のお手入れまでです。

第3章 掃除のイ・ロ・ハ

コラム　これだけは知っておこう！　和室の名称

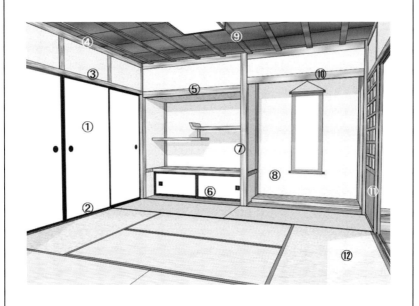

①襖(ふすま)
②敷居(しきい)
③鴨居(かもい)
④廻縁(まわりぶち)
⑤長押(なげし)
⑥地袋(じぶくろ)
⑦床柱(とこばしら)
⑧床の間(とこのま)
⑨竿縁(さおぶち)
⑩落とし掛け(おとしがけ)
⑪障子(しょうじ)
⑫畳(たたみ)

第 4 章
プロの場所別掃除テクニックを大公開

1　キッチン－いつも光ってごきげんよう

キッチンの主な掃除場所

　キッチンの主な掃除場所は、次のとおりです。

　①換気扇、②シンク（コーキング・カラン・排水口）、③調理台(ガスコンロ・IHヒーター・魚焼きグリル)、④壁（ビニールクロス、キッチンパネル、タイル）、⑤冷蔵庫、⑥電子レンジ

①換気扇

　換気扇は、大きく分けて2通りのタイプがあります。レンジフードと呼ばれるシロッコファンタイプと一般的な換気扇と呼ばれるプロペラファンタイプです。シロッコファンとは縦長の羽根が円筒状に取り付けられているファンのことです。

　これらはメーカーや年式によって特徴が異なりますので、分解の方法は取扱説明書（取説とも呼称）に従ってください。

　分解したら汚れはいきなりこすらずに、まず漬け置き等の養生をします。

　「洗い終わって、取り付けるときは、必ず手で回して異音がしないか等の動作確認を行った後にネジで締めること」これが大事なポイントです。

掃除の道具

　取扱説明書／チャンネルブラシ（ナイロン等化学繊維由来の物）／マイナスドライバー／養生シート／新聞紙／バケツ(四角がおすすめ)／ビニール袋(バケツに入る大きさの物)／湯(42度〜50度程度)／強アルカリ性洗剤

掃除の手順

　カバーやネジ、プロペラ等の部品で分解できるものは分解し、汚れがひどい場合は湯（42度〜50度程度）で溶かした、強アルカリ性の洗剤にしばらく漬けておきます。

注意点

・いきなり、ガシガシこすらないこと。

・プロペラ換気扇の真ん中のネジは逆(さか)ネジなので、通常のネジと回す方向が逆です。通常の方向に回すと締まるので要注意です。
・換気扇等の油汚れで、塗り物の場合は薄いアルカリ性洗剤でも塗装が剥げることが多いので、汚れを溜めないようにしましょう。
・剥げてしまって、気になる場合はスプレー式のペンキあるいは、缶に入った塗料で塗りましょう。

②シンク

まず、取説を読んで素材を見極めましょう。
ステンレスか樹脂製（人工大理石ともいう）かホーロー製品かでお手入れ方法が変わります。

〇ステンレスシンク

掃除の道具

ステンレスたわし / ポンタワシ / ナイロンたわし /
クリームクレンザー（粉クレンザー）/
脱水タオル / 和タオル（マイクロファイバー可）/
ウエス（使い古しの綿シャツ等）/ 水切りワイパー /
チャンネルブラシ（ナイロン等化学繊維由来の物）

掃除の手順

ステンレスシンクの水アカは、水道水の成分に含まれるカルシウムが原因なので、先ずはスポンジかナイロンたわしにクリームクレンザーをつけて磨きます。

水でよく洗い流したあとは、水切りワイパーで水を切り、必ず乾いたタオルでカラ拭きをして残った水気を拭き上げましょう。

注意点

・ステンレスには目があるので、目に沿うこと（横幅が広いほうが目です）。
・特にステンレスたわしを使う際はステンレスの目に逆らったり、クルクル回したりしては不可（傷が入ります。傷を入れるとその中に汚れが入るので美しさの維持が難しくなります）。

○樹脂製（人工大理石）のシンクとホーロー製のシンク

掃除の道具

ナイロンたわし / 脱水タオル / 和タオル（マイクロファイバー可）/
ウエス（使い古しの綿シャツ等）/ 水切りワイパー

掃除の手順

使い終わったら直ぐに研磨作用がないナイロンたわしで汚れを拭き取り、水切りワイパーで水気を切り、乾いた布巾ですぐに拭きましょう。

樹脂製は見た目より柔いです。少し頑固な汚れ部分は、研磨作用がない磨き粉で研磨作用がないナイロンたわしを使って優しく磨きましょう。

その後、水気を残さないように乾いた布巾でカラ拭きします。

ホーロー製は、磨き過ぎるとガラスコーティングが剥げるので、注意が必要です。水気を残さないように乾いた布巾でカラ拭きします。

注意点

・ステンレスたわしやナイロンたわし、粒子の粗(あら)いクレンザー、歯磨き粉、メラミンスポンジ、塩素系漂白剤は使用禁止です。

※シンクの上に置かれた物の取り扱い

シンクの上に置いている物は、出入口を確保し、物を傷つけたり壊したりしないために、大胆に移動するのが掃除の効率を落とさないコツです。

床に敷いたレジャーシートの上に新聞紙を敷き、使い古しのバスタオル等を敷いて床を濡らさないように準備して物を移動しましょう。

※掃除が終わった後に移動した物を元に戻すときの注意点

移動した物、例えば炊飯器等の底についたホコリ等を拭いて戻しましょう。

○コーキングの黒ずみ

掃除の道具

乾いた布巾 / チャンネルブラシ（ナイロン等化学繊維由来の物）

掃除の手順

シンクとカウンター、壁とカウンター等の継ぎ目に、水の侵入を防ぐためのシリコン等でコーキングがしてあります。この部分はカビが発生しやすく、黒ずんでくるので、チャンネルブラシかその他のブラシで優しくこ

すります。白くしたいときは、ブラシ等に漂白剤をつけて優しくこすりましょう。
　強くこすると、コーキングが剥げたりするので、加減を見ながら行います。
　カビには根があるため、表面のカビは取れても薄く残ったりすることがあります。しばらく置いたあと、よく水拭きした後、カラ拭きをしましょう。

注意点
・漂白剤は基本的に、長時間使用すると腐食の原因になるので、一定時間以上は放置しないで必ず洗い流してください。
・ステンレスは、醤油などの塩分でも錆びるのでご注意ください。
・サビと汚れの見分けが大事です。サビを汚れと間違えて、いつまでも磨くと穴が空くこともあります。

○カラン（蛇口）

「光るものは光らせること」が大事なポイントになります。

掃除の道具
　布巾 / チャンネルブラシ（ナイロン等化学繊維由来の物）/
　ステンレスたわし / 耐水ペーパー1000番

掃除の手順
　カランやカランの根元は、水が溜まりやすい所ですから、使い終わったら必ず乾いた布巾で水気を拭きとります。隙間等にある頑固な水アカは、チャンネルブラシか耐水ペーパーを四角に折り、折った角でこそぎ落とします。

○排水口

掃除の道具
　チャンネルブラシ（ナイロン等化学繊維由来の物）/ ナイロンたわし /
　バケツ / 食器洗い用洗剤（アルカリ性）/ 乾いたタオル

掃除の手順
　蓋をはずして、排水（ゴミ受け）バスケットと排水トラップ椀（以下ワンと表示）を外し、バケツに湯を張り、その中に薄めたアルカリ性の洗剤を入

れ、外した部品を漬け込みます。

　裏側のヌメリをチャンネルブラシで掃除します。

　部品を漬け込んでいる間に排水管の中のヌメリを、アルカリ性の洗剤を含ませたナイロンたわしで洗います。

　バケツに漬け込んだゴミ受けバスケットをチャンネルブラシで洗います。

　ワンの表や裏はヌメリがあるので、ナイロンたわしでこすり落とします。漬け込んだ物をすべて洗い終わったら、乾いたタオルで水気を拭き元に戻します。

注意点

・コバエが飛んだり、臭いがあるときは排水口をきちんと掃除しましょう。
・その他臭いの元として考えられるのが、キッチンのゴミ箱や玉ねぎ、じゃがいも等の野菜が腐っているのかも知れませんので確認をしましょう。

③調理台

○ステンレス、樹脂製、ホーロー共通

掃除の道具

　ナイロンたわし / 食器洗い用洗剤（アルカリ性・中性） / 布巾

掃除の手順

　調理台の上の物を所定の位置にしまい、必要なら食器洗い用洗剤（アルカリ性か中性）で拭きます。

　通常は乾いた布巾できれいに水気を拭きとるだけでいいと思います。

注意点

・必ず横へ横へと一方向に拭いて行きましょう。

○ガスコンロ

掃除の道具

　ステンレスたわし / ポンタワシ / ナイロンたわし / アルカリ性の洗剤 / クリームクレンザー / 脱水タオル / 乾いたタオル / 和タオル（マイクロファイバー可） / ウエス（使い古しの綿シャツ等） / 四角のバケツ / チャンネルブラシ（ナイロン等化学繊維由来の物） / ケレン / スクレーパー

掃除の手順

　四角のバケツ（丸バケツでも可）に、湯を張り、アルカリ性の洗剤を入れ、五徳や受け皿等取り外せるものは、取り外し漬け込みましょう。ガスコンロの天板全体はアルカリ性の洗剤で拭きますが、ガスコンロの隅々にこびりついた油汚れはアルカリ性洗剤で汚れを緩めた後、ケレンやスクレーパーとウエス（使い古しの綿シャツ等）と組み合わせてこそぎ落とします。

注意点

- 天板（ガラストップやステンレス）はあまり強くこすらない。汚れがひどいときはアルカリ性の洗剤で養生し、汚れを緩ませて拭き上げます。
- バーナーを洗ったら、必ず乾燥させて取り付けましょう。取り付け後「火」がつくかどうか動作確認しましょう。

○ IHヒーター

掃除の道具

　アルカリ性の洗剤／クリームクレンザー／ナイロンたわし／脱水タオル／タオル／ウエス（使い古しの綿シャツ等）／
　チャンネルブラシ（ナイロン等化学繊維由来の物）

掃除の手順

　ガラストップは、使用後まだ温かいうちに脱水タオルのみで拭きます。汚れが頑固になったところは、クリームクレンザーとナイロンたわしをスポット的に使い磨きましょう。

注意点

- クリームクレンザーはガラストップ全体に使うと、拭き上げが大変になるのであくまでも汚れのひどい部分だけに使います。

○魚焼きグリル（ガスコンロ・IHヒーター共通）

掃除の道具

　四角いバケツ（これに入るビニール袋）／湯／アルカリ性の洗剤／
　レジャーシート／新聞紙／古バスタオル／ナイロンたわし／
　タオル／布巾／ウエス（使い古しの綿シャツ等）／

チャンネルブラシ（ナイロン等化学繊維由来の物）

掃除の手順

　四角のバケツにビニール袋を入れて、湯（42℃〜50℃位）を張り、アルカリ性の洗剤を入れ、扉・受け皿・網等取り外せるものは取り外し、漬け込みましょう。漬け込んでいる間にグリル内部はウエスか使い捨ての雑巾にアルカリ性の洗剤を含ませ、固く絞って何度も拭きます。洗剤が残らないように拭き取ります。

　漬け込んだ部品類は汚れが浮いてきたら、ナイロンたわしでこすると、スルッと落ちますので、乾いたタオルで拭き元に戻しましょう。

注意点

・魚焼きグリルの網は、塗り物の場合は洗剤で剥げます。

④壁

〇ビニールクロスの場合

掃除の道具

　キビ草の手箒 / アルカリ性の洗剤 / ナイロンたわし /
　脱水タオル / タオル / ウエス（使い古しの綿シャツ等）/
　新聞紙 / ビニール袋（汚れて不要になったウエス入れ）/
　チャンネルブラシ（ナイロン等化学繊維由来の物）

掃除の手順

　手箒(てほうき)でホコリを落とした後、アルカリ性の洗剤を含ませた脱水タオルで拭きます。汚れのひどい所はナイロンたわしで、そこを中心に汚れをぼかすように馴染ませながら拭きます。隅に付いた頑固な油汚れはチャンネルブラシにアルカリ性洗剤を含ませこすります。洗剤が垂れないようにタオルで受け止めながらこするとよいでしょう。

注意点

・強アルカリ性の洗剤で拭くと黄ばむことがありますが、時間が経てば元に戻りますので、慌てて漂白剤等を使用しないように。余計黄ばみます。
　こするときは、破れるといけないので力加減に注意しましょう。

・汚れのひどい部分を直線で拭かないように気をつけましょう！

そこだけきれいになり過ぎて、キッチン全体のビニールクロスを拭かなくてはいけなくなります。

○キッチンパネル（不燃材にメラミン樹脂を加工した物・ステンレス・アルミ等の金属系・ホーロー等）
掃除の道具
　アルカリ性の洗剤／脱水タオルかタオル
掃除の手順
　どの素材も汚れがこびりつきにくく、汚れが落ちやすい加工が施されています。ステンレス製は耐食性に優れ、水や熱にも強く、油汚れにも強いのが特徴です。表面がガラス質のホーローのキッチンパネルは、水や汚れ、臭いが染み込まないのが魅力です。タイルと違って目地も少ないため、余熱がある内に、脱水タオルで拭きましょう。汚れが頑固になったらアルカリ性洗剤を使いましょう。
注意点
・扱いやすいからと言って汚れをいつまでも放置しないように。汚れが固まってゴシゴシこすれば、ガラスのコーティングが剥げたりします。

○タイルの場合
掃除の道具
　アルカリ性の洗剤／布巾／
　チャンネルブラシ（ナイロン等化学繊維由来の物）
掃除の手順
　料理が終わったら、余熱があるうちに湯で絞った布巾で拭きましょう。目地が汚れたら、アルカリ性の洗剤を含ませて軽くこすります。
注意点
・目地を強くこすり過ぎないようにしてください。ガシガシこすると目地が剥がれたりするので優しくこすります。
・タイル壁を拭くときは拭きムラができやすいので、斜めから見るなど視点を変えて拭きムラの確認をしましょう。

⑤冷蔵庫

冷蔵庫の中はカビが生えないと思ってらっしゃる方が意外と多いのですが、そうではありません。「好冷菌」と言って、低温を好むカビ菌が発生します。

冷蔵庫に何でもかんでも詰め込むのはやめましょう！　冷蔵庫保存量の目安は庫内灯が見える程度です（理想は7割収納）。

また、見逃してしまうのが、冷蔵庫のゴムパッキンの中です。指で広げて確認してください。意外とカビが密集していてビックリします。冷蔵庫のドアポケットも意外と汚れているので、時には外して洗いましょう。

掃除の道具

中性洗剤か食洗器用の弱アルカリ性の洗剤 / 豚毛チャンネルブラシ / チャンネルブラシ(ナイロン等化学繊維由来の物) / ナイロンたわし / 清潔な布巾（使い捨ての物可）

掃除の手順

ドアポケットは上から順次外して漬け置きします。このとき消費期限切れの物は処分していくと効率がよいでしょう。カビが気になるゴムパッキンは、豚毛のチャンネルブラシを水で濡らしてこするだけできれいに落とせます。

もし頑固なカビなら、薄めた漂白剤を含ませたウエスをナイロン製のチャンネルブラシに巻き付けてこすります。

終わったら必ずカラ拭きして拭き上げましょう。

注意点

・豚毛のチャンネルブラシには塩素系漂白剤は使わないようにしてください。天然の素材なので水だけで、十分汚れは落とせます。

⑥電子レンジ

掃除の道具

耐熱性のコップ / 水 / 使い捨て布巾(数枚) / ケレン / キッチンペーパー / アルカリ性の洗剤 / ウエス

掃除の手順

耐水性のカップに水を入れ、スタートボタンを押し、数分タイマーを入れて温め、蒸気が上がったら止めます。湯の蒸気で、庫内の汚れが緩むので乾

いた使い捨て布巾で数回拭きあげましょう。庫内の天井等に付いた油汚れがある程度落ちるまで繰り返します。

　洗剤はあまり使用しないほうがよいですが、どうしても使うときは薄めのアルカリ性洗剤を使用しましょう。

　扉の隅々についている固まった油汚れはケレンにウエスを巻いて取り除きます。中のお掃除が終わったら、扉の内側と外側を拭きあげましょう。

注意点
- 重曹での掃除は拭き取りに時間がかかるので、電子レンジ庫内の掃除には向いていません。
- 庫内の天井や内側側面の汚れがひどい場合はアルカリ洗剤をつけたキッチンペーパーでしばらく養生（ようじょう）しましょう。
- 養生し終えたキッチンペーパーで汚れを拭きとり、湯で絞った使い捨て布巾で余分な洗剤をよく拭きとりましょう。拭き取り方が甘いと臭いの原因になることもあります。

2　浴室　－カビとの戦いに勝つ

浴室の掃除場所
　①浴槽　②床　③排水口　④換気扇　⑤タイル等の壁

　浴室の掃除で皆様お困りなのが、「カビ」「水アカ」「湯アカ」などです。いずれもいきなりこすったらいけません。

　水アカは時間をかけて付いたものですので、一気にやれば疲れますし、傷を入れたりしますので、少しずつこすります。

　範囲が広いなら一度にトライせずに15分程のタイマーをかけて時間を決めながら進めましょう。一番気になるところからチャレンジするのも楽しいかも知れません。

　浴室の掃除は石鹸カス・水アカ・皮脂汚れ等の汚れが混在しているので体力、気力、知力がいる場所です。

　1年に1度くらい、プロの手を借りることも生活の知恵の1つです。

①浴槽

浴槽には、ステンレス・ポリ・樹脂(人工大理石)・FRP・ホーロー・檜等ありますので、順番に解説していきます。

・ステンレス浴槽

掃除の道具

浴室用洗剤(中性)/ 水切りワイパー / バスブーツ /
特大のスポンジ(洗車用が最適)/ バケツ / 浴用タオル

掃除の手順

最初にシャワーで浴槽に水を掛けて、浴槽面を保護(水養生)します。
バケツにぬるめの湯を入れ、風呂用の洗剤(中性)を適宜入れます。
手でかきまぜたら、特大スポンジを入れ、手でもむように泡を立てます。
充分泡立った状態で、浴槽を洗いその後シャワーで洗い流します。
水切りワイパーで水を切り、タオルで拭きあげます。(所要時間約10分)

注意点

・傷が入りやすいので、ステンレスたわし等は使わないでください。
・水養生をせず、いきなり洗剤をかけると、シミになることがあるので要注意です。

○檜の浴槽

掃除の道具

浴室用洗剤(中性)/ バスブーツ / 棕櫚のたわし / バケツ

掃除の手順

最初にシャワーで浴槽に水を掛けて、浴槽面を水養生(保護)します。
檜の浴槽にヌメリがある場合はカビなので、ヌメリがひどいときは必ず浴槽に水養生をした後に、薄めた塩素系漂白剤をスポンジに含ませて洗い、少し時間を置きシャワーでよく流します。

注意点

・檜は乾燥しすぎると割れてしまうので、適度な湿り気を保ちましょう。
・塩素系漂白剤の原液使用は厳禁です。

○樹脂製（人工大理石）の浴槽

樹脂製（人工大理石）は、人工的につくられた大理石風の素材です。大理石の粉や成分が含まれているわけではなく、主成分はアクリル樹脂やポリエステル樹脂です。

掃除の道具

取扱説明書／タオル（数枚）／浴室用洗剤(中性)／水切りワイパー／チャンネルブラシ（ナイロン等化学繊維由来の物）／ナイロンたわし／マスク／ゴム手袋／ビニール袋／バケツ／特大のスポンジ（洗車用）／バスブーツ／塩素系漂白剤（カビがある場合）

掃除の手順

最初にシャワーで浴槽に水を掛けて、浴槽面を水養生（みずようじょう）（保護）します。

目に付く汚れは湯アカ（石けんカス皮脂等の酸性汚れ）なので、弱アルカリ性で、研磨作用のない磨き粉と研磨作用のないナイロンたわしでこすると簡単に取れます。

軽い水アカはタオルでカラ拭きするだけできれいになりますが、頑固な水アカは、研磨作用のあるものを使うしかないので、傷を入れないように慎重に磨いていきます。

本来は水アカをつけないようにするのが一番ですから、お風呂から上がったら水切りワイパーで水を切り、体を拭いたタオルでいいので、残った水気を拭き取りましょう。

注意点

・磨き過ぎると艶がなくなりますので、慎重にしましょう。
・強すぎる酸や、塩素系漂白剤の多用は厳禁です。

○ホーローの浴槽

掃除の道具

取扱説明書／タオル（数枚）／浴室用洗剤(中性)／水切りワイパー／チャンネルブラシ（ナイロン等化学繊維由来の物）／ナイロンたわし／マスク／ゴム手袋／ビニール袋／バケツ／特大のソフトなスポンジ（洗車用）／バスブーツ／塩素系漂白剤(カビがある場合)

掃除の手順

　最初にシャワーで浴槽に水を掛けて、浴槽面を水養生（保護）します。

　浴槽用洗剤（中性洗剤）を含ませたソフトな洗車スポンジで優しくこすりましょう。軽い湯アカならこれで取れます。

　軽い水アカは乾いたタオルでカラ拭きするだけできれいになりますが、頑固な水アカは、研磨作用のあるものを使って取るしかないので、傷を入れないように慎重に磨いていきます。

　湯アカや水アカはつけないようにするのが一番ですから、お風呂から上がったら水切りワイパーで水を切り、体を拭いたタオルでいいので、残った水気を拭き取りましょう。

注意点

・ホーローの原料は鉄。その上にガラスコーティングが施されてあるので、強すぎる酸や研磨作用があるクレンザー、塩素系漂白剤の多用は厳禁です。
・ハードなナイロンたわしの使用も控えるのが賢明です。磨き過ぎると艶がなくなり、傷が入り、そこから石鹸カスや湯アカ等の汚れが入り込みます。
・水アカも層になったら落とすのは難しくなりますから、注意が必要です。
・茶色の汚れは錆の可能性があるのでむやみに塩素系漂白剤を使わないようにしましょう。

○ **FRP 浴槽（ポリ浴槽ともいう）**

　最近では FRP の浴槽が多く見受けられます。

　FRP 製の浴槽もコーティングされています。

　この浴槽のデメリットは汚れが目立ちやすいということです。

　樹脂製（人工大理石）と比べると、汚れが付着しやすく、なおかつ塗装がされていますので、時間とともにどうしても色あせてしまいます。

　浴槽に浮かんでいる帯状の黒ずみは FRP の劣化によるもので汚れではありませんから、意地になってこすらないように。

　浴槽掃除のときにブラシやスポンジでこすられ続けることで、表面の塗装がえぐり取られて、肉眼で確認できない凹凸の穴ができます（これを経年劣化といいます）。見極めが大切です。

掃除の道具

　取扱説明書／タオル（数枚）／浴室用洗剤(中性)／水切りワイパー／チャンネルブラシ（ナイロン等化学繊維由来の物）／ナイロンたわし／マスク／ゴム手袋／ビニール袋／バケツ／特大のスポンジ（洗車用）／バスブーツ／塩素系漂白剤(カビがある場合)

掃除の手順

　最初にシャワーで浴槽に水を掛けて、浴槽面を水養生（保護）します。

　その後、浴槽用洗剤（中性洗剤）を含ませたソフトな洗車スポンジで優しくこすりましょう。軽い湯アカならこれで取れます。

　強くゴシゴシこすると劣化が進みますので、毎日軽く掃除しましょう！

　石鹸分を残すと厄介なので、お風呂から上がったらシャワーで洗い流すことをおすすめします。

　水気を残すと水アカが残りますので、水切りワイパーで水を切った後、体を拭いたタオルでいいので、残った水気を拭き取りましょう。

注意点

・強すぎる酸やクレンザー（研磨作用がある）、塩素系漂白剤の多用は厳禁です。

・ハードなナイロンたわしの使用も控えるのが賢明です。特有の艶がなくなり、傷を入れたらそこから石鹸カスや、湯アカ等の汚れが入り込みます。

・水アカが層になったら落とすのは難しくなりますから、注意が必要です。

・むやみに塩素系漂白剤を使わないようにしましょう。

②浴室の床

　65歳以上の家庭内における年間の不慮の事故は、交通事故よりも多いという調査結果があります（厚生労働省『人口動態調査』／内閣府『高齢社会白書』）。不慮の事故原因のトップは「溺死・溺水」となっていて、浴室は危険な場所ともいえます。

　浴室での転倒事故を防ぐためにも各住設メーカーは転倒がしにくい、すべり難い床材を開発しています。

○材質が樹脂製で滑り難い凹凸のある床材の場合
掃除の道具

水切りワイパー / タオル（数枚） /
チャンネルブラシ（ナイロン等化学繊維由来の物） / 棕櫚のたわし /
粉クレンザー / マスク / ゴム手袋 / バスブーツ / 塩素系漂白剤 /
ポンタワシ(スチールウールなので、傷が目立たず汚れのひどい所をスポット的に使うと効果的)

掃除の手順

掃除を怠ると凸凹の部分に湯アカや石鹸カスが入り込み、とても滑りやすくなるので、湯アカや石鹸カス等を溜めないようにしっかりと、磨く必要があります。

樹脂製で凹凸がある床材の掃除には、棕櫚のたわしと粉クレンザーを使った掃除が一番効果的です。

棕櫚のたわしは植物性なので、こすっても樹脂製の床を傷つけることはありません。粉クレンザーには研磨作用があるので、多少傷が入るかも知れませんが、凹凸があるため目立ちません。

注意点
・浴槽から上がったら、まずは換気してさっと水を切りましょう。黒ずみが出たらそれは「カビ」です。むやみに塩素系漂白剤を使わないようにしましょう。なぜなら、素材を溶かす等、傷めてしまうからです。
・素材より柔らかい棕櫚のたわしと粉クレンザーで磨きましょう。
・凸凹の部分に石鹸カスを残さないことです。

・**磁器タイルの床**
掃除の道具

水切りワイパー / 雑巾（水気の拭き取り用） / ステンレスたわし /
チャンネルブラシ（ナイロン等化学繊維由来の物） / バスブーツ /
塩素系漂白剤 / ポンタワシ / ナイロンたわし

掃除の手順

磨くのはステンレスたわしが有効。ただしたわしの銀色が床に残ることが

あるため、ナイロンたわしで、もとのたわしの色になじませるように仕上げます。洗い方が悪いと滑りやすくなるので、よく磨くことが必要です。

　ポンタワシはスチールウールなので色残りはしませんが、小さいために労力が要ります。磁器タイル磨きには有効です。

　床全体を磨くのではなく、水アカのひどい部分だけのスポット掃除には向いています。

注意点
- 磁器タイルは多孔性なので水アカがたまりやすく、残ってしまったら、取り除くのは難しいです。お風呂から上がったら換気をよくし、水切りワイパーで排水口に向かって水を切りましょう。
- 残った水気は体を拭いたタオルでいいのでさっと拭き取りましょう。

③排水口
掃除道具
　チャンネルブラシ（ナイロン等化学繊維由来の物）／
　ブラシ（ナイロン等化学繊維由来の物）／ビニール袋／新聞紙

掃除の手順
　シャワーで水を流しながら、床にはりついている髪の毛を排水口に集めて、ブラシ等で取り、新聞紙を敷いたビニール袋の中に捨てます。

　チャンネルブラシ（ナイロン等化学繊維由来の物）でゴミキャッチの皿や排水口などを掃除します。

注意点
- 浴室の排水口には髪の毛等がたくさん溜まっています。定期的に取り除かないと排水口のつまりの原因や腐敗臭の元になります。
- ヌメリがひどい場合は、「塩素系漂白剤」を適量に薄めて、スポンジにつけてこすり、しっかり水で流しましょう。

④換気扇
掃除の道具
　取扱説明書／新聞紙（チリ取りの代わり）／ハケ／

チャンネルブラシ（ナイロン等化学繊維由来の物）／ナイロンたわし／脱水タオル（数枚）／ビニール袋

掃除の手順

　浴室換気扇の場合は、形状を問わず分解をしません。換気扇のカバーを外して右手にハケ、左手にチリとり代わりの新聞紙を持ち、ハケでホコリを払ってからフィルターとカバー等を洗いましょう。

　換気扇のカバーはホコリを払った後、水で洗います。

　プロペラ換気扇の場合は、ホコリを払った後に、羽の部分を脱水タオルで入念に拭きます。掃除が終わって組み立てるときは、取扱説明書を参考にしましょう。

注意点

・奥の奥までやらないこと。
・換気扇のネジは逆ねじです。
・電気パーツに水がかからないようにします。

⑤タイル等の壁

掃除の道具

　雑巾（数枚）／チャンネルブラシ（ナイロン等化学繊維由来の物）／ブラシ／ハケ／マスク／ゴム手袋／バケツ／バスブーツ（浴室タイルの目地掃除をする場合は必要）／塩素系漂白剤

掃除の手順

　チャンネルブラシ、あるいは目地用のブラシに塩素系漂白剤を含ませ、カビが生えている所をこすり、洗浄します。ひどい場合はハケ等に塩素系漂白剤を含ませて塗り、ラップ等で乾燥しないように15分程養生（ようじょう）をします。

　あまりこすると目地そのものが取れるので力加減にも注意しましょう。

　カビには根がありますので、根が取れないとき（カビを落とせない）は修正ペンで塗ることもあります。

注意点

・塩素系漂白剤を長い時間放置しすぎると目地を傷めることがあるのでタイマー等で時間の管理をしましょう！

3 トイレ-尿石のないトイレで快適に

　一口にトイレ掃除と言っても天井や壁のホコリ落としや換気扇の掃除、便器や便座の掃除、床の掃除、出入口扉の掃除等色々あります。
　便座は外せるものが多いので、必ず取扱説明書に従って外すと手が入るだけの隙間ができます。
　そこは結構汚れていますから必ず拭きましょう。
　便器掃除で一番気になる部分が返し(かえ)と呼ばれる部分です。

【図表13　トイレの返し(かえ)】

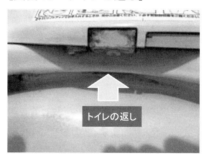

　最近は返し(かえ)のないトイレも多く見受けられます。
　返し(かえ)の汚れは殆どが尿石です。尿石がどのくらいついているか？　また落ちたかどうかを確認するには、手鏡を使って見るか指の腹で触ってみます。
　指の腹で触ってガサガサしていれば、まだ汚れている証拠です。ゴシゴシこするのではなく、トイレ用の酸性洗剤をトイレットペーパーに含ませてそれを返し(かえ)に突っ込んで洗剤養生(ようじょう)をしましょう。
　水がたまっている淵(ふち)についている黒い筋は、主に水アカです。
　トイレ使用後は黒い筋がつかないように柄(え)付きブラシでひとこすりしておきましょう。掃除の頻度の理想は、使う度にこすることです。1分とかかりません。
　掃除の手間を省くには、返し(かえ)の養生をしている間に天井や壁のホコリを払います。
　汚れというのはいきなりガシガシとこするのではなく、汚れを緩(ゆる)めてこす

ると少しの力で3倍きれいに落ちます。

掃除の道具

取扱説明書／トイレ柄付きブラシ／脚立／
チャンネルブラシ（ナイロン等化学繊維由来の物）／手鏡／
トイレ用酸性洗剤／トイレ用中性洗剤／レジャーシート／新聞紙／
ビニール袋／キビ草の箒(ほうき)（80センチ位の物・手箒）／ハタキ／チリとり／
脱水タオル／耐水ペーパー／ハケ

掃除の手順

○換気扇

掃除の鉄則は上から下ですので、換気扇から掃除します。

取扱説明書に従い、換気扇のカバーをはずしてハケでホコリを落しましょう。

いきなり水につけてはいけません。プロペラ換気扇ならプロペラ部分のホコリをハケではらってから脱水タオルで拭きます。

汚れがひどいようなら薄めた中性洗剤を脱水(だっすい)タオルに含ませて拭きます。

○天井・壁・手洗いタンク

シロッコファンなら、ホコリをハケか手箒で掃き、脱水タオルで拭きます。

次に天井、壁のホコリをハタキではたきます。汚れがひどいようなら脱水タオルで拭きます。手洗いタンクの表面も脱水タオルで拭きます。

水アカがある場合は、ナイロンたわしでこすります。ひどい水アカなら1000番程度の耐水ペーパーで、優しくなでるようにこすります。

きれいに落ちたかどうかの確認は指の腹でします。凹凸があればまだ落ちていない証拠。でも一度にすると疲れて掃除が嫌になるので、タイマーを5分程度にセットし、鳴ったら終了にしましょう。水アカ除去は次回の楽しみにしましょう。

○便座と便器

取り扱い説明書に従って、便器の分解をし、便座と便器の掃除をします。

便器の蓋(ふた)はプラスティック製のため中性洗剤で拭きます。便器は、殆どが陶器製なのでトイレ用の酸性洗剤を柄付きのトイレ用ブラシかナイロンたわしにつけてこすります。最近は樹脂製の素材も出ていますので、むやみにこすらないように気をつけましょう。

樹脂製の便器ならトイレ用の中性洗剤を使います。素材が何であれ、直接洗剤を便器に吹き掛けると変色の恐れがあるのでやめましょう。

○床

床（木・タイル）掃除は、ホコリや髪の毛をキビ草の箒（ほうき）（80センチ位の物が適切）で掃き、その後脱水タオルで拭きます。

臭いがあるときは、壁に飛んだ尿が原因の場合が多いので、スプレー容器に入れたクエン酸か、酢水などの酸性水をトイレットペーパーに吹きかけて拭きましょう。

酸性水は軽いアンモニアの臭い取りに有効です。トイレにスリッパを置いているご家庭ではスリッパの裏側も忘れずに拭きましょう。

扉のドアノブも脱水タオルで拭きます。

注意点

・トイレの便器の中には黒いカビもあります。カビ取り剤はアルカリ性ですからトイレ用の酸性洗剤と混ざると有毒ガスが発生し、危険です。

・トイレに塩素系漂白剤を多用するとヤケ（薄い茶色のシミに見える）が生じますのでおすすめできません。ヤケるということは「変色」なのでそれ以上はきれいになりません。

4　洗面所―水アカに勝つ

素材で手入れ方法や洗剤道具が違う

洗面台は、鏡や物入れが付いたキャビネット部分と洗面ボールとは別々に考えましょう。

洗面台の素材には陶器製・樹脂製・ホーロー製があります。

それぞれの素材でお手入れ方法や洗剤道具が違います。

また、洗面ボールにも陶器・樹脂・ホーロー製がありますので、取り扱いは必ず取扱説明書に従ってください。

掃除の道具

取扱説明書／チャンネルブラシ（ナイロン等化学繊維由来の物・豚毛）／

ナイロンたわし / 研磨作用がない磨き粉 / 脱水タオル / 水切りワイパー（鏡に使います）/ ハケ / ウエス / 乾いたタオル / クリームクレンザー / 中性洗剤

掃除の手順

　鏡はウロコなどがなければ、ウエスでカラ拭きします。

　カラン等の水栓金具の隙間は豚毛のチャンネルブラシで磨きます。

　豚毛チャンネルブラシは天然素材でパワーがあるため、洗剤はいらず、水だけで十分です。

　仕上げは乾いたタオルでカラン（蛇口）の水気を拭きとるだけで済みます。

　水アカがひどい場合は少しのクレンザーをナイロンたわしにつけて磨き、その後カラ拭きします。ピカピカに光ってきたら終了の合図です。

　最後に乾いたタオルで、洗面ボールの水気を拭き上げます。

注意点

・樹脂製の物やホーロー製品には「研磨作用がある」ナイロンたわしや、研磨作用がある歯磨き粉、メラミンスポンジは傷が入るから使えません。
・メラミンスポンジが使えるのは鏡・陶器製の洗面ボール・カラン（蛇口）のみです。

5　窓-陽射しが入る窓で気持ち良く

梅雨や雨の日、雨上がりの日が掃除に適している

　窓には掃き出し窓・腰高窓・出窓・羽目殺し窓等、大きさや形状によって名前が違います。またサッシ枠・ガラス部分・レールと呼び名を変えて掃除部分を表現します。

　窓掃除に適している時期は、梅雨や雨降りの日や、雨上がりの日です。暑い夏は水が直ぐに乾いてしまうので向いていませんし、砂等がガラス部分を傷つけたりしますので注意しましょう。

　お盆等来客が多くなる時期に、窓を拭く必要がある場合は、雨が降っているときか、人が集まる部屋の窓のみにする等工夫をしましょう。

　窓掃除は体力が要るのでプロに頼むのもありだと思います。

掃除の道具

水切りワイパー / バケツ（雑巾用・ハケを濡らす用２つ） / ウエス / レジャーシート / 脱水タオル・数枚（窓の大きさと窓の枚数による） / 新聞紙 / ハケ / 和タオル

掃除の手順

○**窓ガラス部分**

部屋側の窓の下にレジャーシート・新聞紙・乾いたタオルを敷き詰めます。その後、水を汲んだバケツにタオルをつけ、水が垂れるくらいにジュクジュクにし窓を濡らします（ジュクジュクと濡れているので「ジュクジュクタオル」と名付けています）。

その後、水切りワイパーで水を切ります。１回切るごとに、和タオルで水気を拭きます。これを窓の大きさにあわせて繰り返します。

右手に水切りワイパー、左手に乾いたタオルを持つスタイルが効率的です。

水切りワイパーであらかたの水気を切ったら、四隅（よすみ）に残っている水気を和タオルで拭きとります。

○**サッシ枠の部分**

ハケを濡らしてホコリを上から下へと拭きとります。

拭き終わったら、乾いた和タオルで水気を拭きとります。

○**サッシレール**

水で濡らしたハケで砂ホコリ等を取り除きます。ハケは窓の隙間にも柔軟に入り込むため、細かい砂ホコリも取れてとても便利です。ハケが汚れたらそのつど洗います。

仕上げはウエスで水気を拭きとります。

注意点

・湿気の高い梅雨時に掃除は最適。逆に真夏は不向き。
・窓は水洗いが基本です。「たばこのヤニ」、「ペットやお子様の手アカ」「油汚れ」がある場合のみに洗剤の使用を限定したほうが賢明です。
・その際、アルカリ性洗剤は薄めに使用しましょう。
・濃い洗剤を使うと窓が真っ白になります。大量の水で時間をかけて流す必要がでてきます。

6　網戸－心地よい風を取り入れるために

ホコリをはたきおとしてから洗う
　網戸もホコリや排気ガス等で、かなり汚れています。すると網戸越しに入って来る風も汚れているように感じます。窓掃除と同時進行で行いましょう。

掃除の道具
　レジャーシート／脱水タオル数枚（網戸の枚数と同じ枚数）／新聞／キビ草の手箒（てほうき）／ハケ／和タオル

掃除の手順
　キビ草の手箒（てほうき）か、ハケでホコリをはたきおとしましょう。ホコリ払いが終わったら脱水タオルを右手と左手にそれぞれ持ち、網戸をはさんで優しく拝（おが）むように拭きます。その後、自然乾燥させましょう。

注意点
- 網戸を洗う場合、いきなり水につけてはいけません。必ず、ホコリをはたきおとしてから、洗いましょう。いきなり水につけると、ホコリで目詰まりを起こします。
- 必ず拝（おが）むように両手で挟んで、拭くときの力加減は、一方向に押すと網戸が淵から外れますから均等にしましょう。

7　リビング－笑顔があふれる家族の居場所

まず片づけをしてから掃除
　家の中でもリビングは、家族の出入りも多く、ちょっと掃除をさぼると散らかり、すぐに汚れやホコリが目立つ場所でもあります。
　家族の団欒（だんらん）の場としていつもスッキリと清潔な状態を保っていたいですよね。リビングの掃除で重要なのは「ホコリ払い」と「床掃除」です。やっかいなのが、家族が持ち込む物が多い場であることです。
　掃除の効率をあげるには、床などに掃除を妨げる物が何もないこと。つま

り散らかってないことが大切です。

　リビングの床掃除をスムーズに行うには、まず片づけをしましょう。

　ただし、片づけに時間をかけて掃除する気力がなくなると本末転倒なので、散らかっている物を袋や箱等にまとめて別の場所に一時的に移動しましょう。掃除が終わったらすぐに元に戻せますので便利です。

掃除の道具

　キビ草の箒／ハタキ／脱水タオル／

　チリとり（チリとりの代わりにハンディ掃除機も便利）

掃除の手順

　掃除をするときは基本的に窓を全開しますが、最近は光化学オキシダントやＰＭ2.5などの大気汚染の問題もありますので、アレルギーのある方は数値を確認してから開けてください（第1章2項参考）。

　掃除の鉄則は上から下なので、天井からエアコンの表面、照明器具、カーテンレール、タンスや棚の上のホコリをはたきおとしてください。

　床掃除に箒（ほうき）を使う場合は、奥から掃き出し窓に向けて掃（は）いていきましょう。

　掃除機を使う場合も、部屋の奥から窓に向けて排気が外に出るようにバックしながらかけます。

　ただし、床の上のホコリが舞うので、拭き掃除を掃除機かけの前にします。

　フローリング等は足の裏の皮脂等で汚れているので、脱水タオルで拭きあげましょう。ペットと一緒にお住まいの方も、ペットの皮脂汚れやよだれが残るので、食器用アルカリ性洗剤を薄めて脱水タオルに含ませて拭きましょう。スッキリ感が違います。一度お試しください。

注意点

・窓を開け、上から下の鉄則を守りましょう。自己流は効率を下げます。

8　寝室－あなたの家の健康のバロメータ

まず、脱水タオルで拭き掃除をしてから

　1日の疲れを癒す寝室は普段から清潔に保っておきたいものです。寝室の

窓は開ける頻度(ひんど)が少ないために、通気が悪く湿気がこもりやすくなります。掃除を怠たると、ホコリやカビが原因で健康を害します。

休日はできるだけ窓を開けて風通しをよくし、掃除の道具を置いておきましょう。

私達おそうじジョーズが、1年に一度程寝室の壁のカビ落としにお伺いさせていただくお宅があります。

こちらの寝室は壁の素材がビニールクロス製で、共稼ぎなのでほとんど窓を開けられることがないそうです。通気が悪いのでしょう。壁にびっしりとカビが発生していました。最近はこうしたお宅が増えています。

寝室の汚れの多くは、ホコリやカビ等のハウスダストです。ハウスダストはミクロのホコリなので、いきなり掃除機をかけると空気中に舞い上がってしまいますから、脱水タオルで拭き掃除をします。

最初にカーテンレールの上や照明器具の傘などのホコリをはらいましょう。ベッドをお使いの方はホコリよけに、要らないシーツ等をあらかじめかけておくと後始末が楽です。

掃除の道具

　キビ草の箒（140センチ位の座敷箒）／ハタキ／脱水タオル／
　チリとり（チリとりの代わりにハンディ掃除機も便利）／掃除機

掃除の手順

　窓を全開し、天井からエアコンの表面、照明器具、カーテンレール、タンスや棚の上のホコリをはたき落としてください。

　奥から、掃き出し窓などへ掃いていきます。掃除機（拭き掃除が先）も同様にしながら、排気を外に出せるようにバックしながらかけます。

　寝室でベッドをお使いの方は、ホコリ除けにもなるので足元にラグを置くことをおすすめします。ラグは軽いので休日に干したり洗ったり等のお手入れが簡単にできます。

注意点

・必ず窓を開けて「上から下」の鉄則通りにやりましょう。
・自己流は掃除の効率を下げます。

9 和室－イ草の香りにいやされる部屋

素材に合った掃除をする

　日本の伝統的な和室は居心地がよく、最近人気が再燃しています。和室は畳・障子・ふすまなど植物や紙など天然素材でできていますので、フローリングの部屋とは違い、素材に合った掃除方法をしなければなりません。

掃除の道具

　キビ草の箒（140センチ位の座敷箒）／脱水タオル／ハタキ／酢水／
　ハケ（障子の桟（さん）用）

掃除の手順

　和室の掃除も必ず窓を開けます。畳の素材は「イ草」で水気を嫌いますから、基本的に水拭きはしません。

　ただし、非常に汚れた場合は、晴れた日の午前中に酢水で拭きましょう。酢水は畳の色止めにもなりますし、簡単な消毒の役目も果たします。畳の掃除には箒（ほうき）がおすすめです。棕櫚（しゅろ）やキビ草の箒は植物本来のパワーがあり、天然のワックスの役目をはたすので、畳につやを出してくれます（掃除機を使う場合は、畳の目に詰まった汚れを取り除くために、畳の目に沿ってかけましょう。力を入れずにそっとかけてください）。

　障子の桟（さん）はホコリがたまりやすいのでハタキでホコリをはらいます。

　柱は白木の物が多いので、基本的にカラ拭きがおすすめです。どうしても洗剤を使うときには白木専用の物を使いましょう。

　敷居の掃除は、キビ草の箒か棕櫚の箒でホコリを掃きましょう。

注意点

・水気を嫌う和室の掃除をする際は、天気の良い日を選び、必ず窓を開けましょう。湿気対策になります。
・水を大量に使うとカビたりします。水拭きをするときは風通しをよくし、カラ拭きとセットで行ってください。
・ふすまの引き違いのホコリ、引き手の手アカは盲点です。

10　床−素足で歩きたくなる気持ち良い床

床材に合わせた掃除の道具・仕方をする

　最近の住宅の床材は様々な種類があります。床材によっては掃除の道具や掃除の仕方が違います。

　主な床材の種類は、CFシート（クッションフロア）・フローリング（天然木・合板）等が一般的です。

掃除の道具

　取説／キビ草の箒（手箒・140センチ位の座敷箒）／

　脱水タオル／ハタキ／ハケ／中性洗剤／マスク／軍手／ゴム手袋

掃除の手順

　部屋の隅にあるホコリを掃き残さないように箒で掃きます。掃除機を先に使うと、ホコリを舞い上げることになるので、先に脱水タオルで拭き掃除をしましょう。

　ただしペットを飼っていらっしゃるお宅はペットの毛があるので、キビ草の箒で毛をかき集めてから、ハンディ掃除機で吸い取り、脱水タオルで拭き掃除をしましょう（2度拭きは不要）。

　CFシート（クッションフロアー）は耐水性があるので、汚れがひどいようなら、アルカリ性か中性の洗剤を適宜薄めて使いましょう。

　洗剤を使ったら必ず最後に水で拭きあげることを忘れずにお願いします。

注意点

・乾いたタオルは、ホコリを押しやるだけなので使用しないほうが賢明です。
・白木などの天然木は、水をこぼしたら直ぐに拭かないとシミになりやすい素材です。
・シミや汚れ予防のために白木用のワックスや保護剤を使えば、日頃のメンテナンスがしやすくなります。ワックス掛けは難しいので定期的にプロに頼むのも賢い方法かも知れません。
・スチームクリーナーは、板がそるので、厳禁です。
・化学モップは油シミができるので、使用は避けてください。

11　玄関−住む人の顔と同じ

玄関扉の内側・土足で使う三和土(たたき)の掃除法

　日々家族が使用するだけでなく、お客様を迎える玄関は「住まいの顔」とも呼ばれる大切な空間です。ここでは、玄関扉の内側、土足で使用する三和土(たたき)と呼ばれる場所の掃除法をお伝えします。

　最近では様々な種類の素材がありますが、ここでは一般的によく使われている素材の掃除法をご紹介します。

　①磁器タイル、②人工大理石、③高級感のある御影石等や大理石のお手入れ道具や掃除法等です。

掃除道具

　取扱説明書／キビ草の箒(ほうき)とチリとり／デッキブラシ／バケツ(水)／
　脱水タオル／タオル

掃除の手順

○**磁器タイル**

　磁器タイルは吸水性が殆どなく汚れに強いのが特徴です。一般的な掃除法は、目地の汚れを取り除くために、シダ草の箒(ほうき)でホコリを取り除き、必要であれば、脱水タオルで拭いておきましょう。

　雨が降った後は、靴の跡等の汚れが目立ちますので、水を流しながらデッキブラシで汚れをこすります。

　流せない場合は、濡(ぬ)れ雑巾で拭きます。目地がある磁器タイルは乾いたタオルできっちり水気を拭きあげてください。

○**人工大理石**

　人工大理石などは、砂ホコリ等をキビ草の箒(ほうき)で掃き出し、脱水タオルで拭き上げた後、乾いたのを見届けてから、ワックスをかけておくと汚れの付着を防げますし、汚れがついても簡単に落とせます。

○**御影石や大理石**

　高級感のある御影石等や大理石は「最近滑り難(にく)い加工」をしたものをマンションの玄関等でも取り入れられるようになりました。吸水率が高いので、

水分を含むとシミの原因にもなります。雨水や泥水には注意が必要です。

石によっては酸を嫌うので、洗剤を使う場合には使用可能かどうか事前に確認が要ります。

また、多孔性なので、細かい砂などが入り込んでいる可能性が高く、通常の掃除はホコリを掻き出す効果の高い、シダ等かヤシの葉脈が原料の箒で掃き出しましょう。

必要があれば脱水タオルで拭きます。脱水タオルには余分な水分がないのでシミにならずに、汚れをよく取り除きます。

注意点
- マンションにお住まいの方で玄関掃除のときに水を流す場合は、階下への水漏れ(みずも)がないか等の確認を怠らないようにしましょう。
- 人工大理石は樹脂製なので、強くこすらないようにしてください。大理石や御影石は水や酸を嫌うので、注意が必要です。

12　ベランダ-風を感じる憩いの場

穏やかな雨の日に挑戦を

ベランダは外部から砂やホコリ、虫の死がいなどが多く、汚れがたまってしまう場所です。

ベランダでガーデニングなどを行っている方は、植木鉢の土が舞い散ることもあり、その土が放置されている間に雨が降ったりすると、土がこびりついてしまうこともあります。

またベランダで洗濯物や布団などを干す場合は、干した物からホコリや繊維が落ち、それが汚れの原因になることもあります。つい掃除をしないまま放置すると、汚れはどんどん落ちにくくなってしまいます。さらに砂や土、ホコリは溜まると排水溝が詰まる原因にもなります。できる限り定期的に掃除をする必要があります。

ベランダ掃除に最適な日は、曇りか小雨、雨上がりのように湿度が高いときです。特に雨が降っているときは砂や土は湿り、風に飛ばされることが少

なくなります。空気中に含まれるホコリなども、地面に落とされます。
　私達ハウスクリーニングのプロは雨の日のベランダ掃除は水を流す手間が省けるので大歓迎です。
　本書を読んでくださっている方はベランダに雨水が落ちてこないくらいの穏やかな雨の日に挑戦されてみたらいかがでしょうか？

掃除の道具
　シダ箒／デッキブラシ／チリとり／バケツ（ベランダに蛇口がある人はホース）／中性洗剤／マスク／ゴム手袋

掃除の手順
　ベランダに置いてあるもの(植木鉢・ゴミ箱など)を半分ずつ移動します。
　エアコンの室外機や洗濯機はそのまま置いておきますが、隙間(すきま)に砂ホコリ等が結構溜まっているのでシダ箒でかきだします。
　ベランダ全体を掃いたらホースで水を流しながらデッキブラシでこすります。汚れが固まっている部分には中性洗剤をかけて、デッキブラシで泡立てながら汚れを落とします。
　全体をよく洗い流さないといけません。洗剤は腐食や菌を繁殖させる原因となるからです。
　よく緑色等のコケがあるお宅があります。コケは排水口がゴミ等でつまっていて水が流れない、風通しが悪いところにできます。コケを落とすには薄めの塩素系漂白剤を撒いた後、5分くらい放置して、臭いがなくなるまでデッキブラシでこすり、塩素系漂白剤がなくなるまで水を流し続けましょう。

注意点
・水を流せるベランダなのか、排水溝がつまっていないかよく確認を。
・マンションにお住いの方は階下や隣の方がふとんや洗濯物を干していないか確認しましょう。ご近所に迷惑を掛けないように配慮することはとても大切です。
・掃除の手間をはぶくため、ベランダに物を置かないようにしましょう。人工芝を敷いたり、スノコを置くこともあまりおすすめできません。
・汚れの状況がすぐにわかるようにしておくことがきれいを保つ秘訣です。
・ホース等で水が流せない場合は、漂白剤は使わないほうが賢明です。

13　照明器具−ホコリのない照明器具は健康の源

ホコリが溜まりやすい照明器具

　照明器具は意外とホコリが溜まりやすく、ハウスダストアレルギーの方は、ここのホコリを掃除するだけでかなり症状が軽減されます。
　さらに汚れてくると暗くなり、気がつかないうちに目に負担をかけるようになります。

掃除の道具

　　取扱説明書／脱水タオル／キビ草の箒（手箒・140センチ位の座敷箒）／
　　柔らかい布／ハタキ／ハケ／脚立／中性洗剤／マスク／軍手／ゴム手袋

掃除の手順

○**白熱電球・LDE電球・蛍光灯**

　電球を優しく取り外します。乱雑に扱ってしまうと中で不具合が起き、掃除後、元に戻しても電気がつかなくなる場合があるので注意しましょう。
　柔らかい布で軽く拭いて、ホコリを落とします。
　頑固な汚れを落とすときは脱水タオルで拭き、その後はしっかりと乾燥させて取り付けます。

○**シェード／アクリル・プラスチック製の場合**

　天井付けのシーリングライトなどは、アクリル製のシェードが多いようです。シェードを外したら、まず裏側にたまった小さな虫やホコリやゴミをキビ草の手箒（てほうき）かハケで取り除きます。
　ぬるま湯で水洗いします。汚れの程度にあわせて食器用の中性洗剤を薄めて使用しましょう。
　シェードが大きい場合は、お風呂場などでシャワーを使って洗い、乾いた布で水気を拭き取り、よく乾かした後取り付けます。

○**シェード／ガラス製**

　浴室やトイレ、玄関などに多いガラス製のシェードの掃除は溜まったホコリはハタキで落とすか、柔らかい布で拭き取ります。
　汚れがひどい場合は、食器用の中性洗剤を薄め、脱水タオルに含ませて汚

れを落とします。

　丸洗いできるようなら、食器を洗う要領で洗うのもおすすめです。

　丸洗いした後は、カラ拭きして十分に乾かして取り付けます。

○シェード／金属やホーロー製

　溜(た)まったホコリはハタキで落とすか、柔らかい布で拭き取ります。塗装されているシェードなどは、脱水タオルで拭きます。

　その後、乾いた布でしっかり拭きましょう。水分が残っているとサビの原因になるので注意が必要です。乾いたことを確認したら取り付けましょう。

○木製や紙のシェード

　和室などの照明器具で木製や和紙など水で洗えない素材もあります。

　その場合の掃除の方法は全体のホコリをハタキやキビ草の手等(てほうき)などで落とします。木製のシェードなど木枠(きわく)の隅などにたまったホコリは、柔らかいブラシかハケなどでかき出します。

注意点

・照明器具は通電中、熱を持ちます。その状態で掃除をすると、やけどや感電の可能性もあり、危険です。電源を切り、しばらくして掃除に取り掛かりましょう。

・電球などの場合、熱くなった状態で水拭き掃除すると急激な温度変化によりガラスが割れてしまう危険性もありますし、化学繊維のハタキは溶けるかもしれないので注意しましょう。

・金属やホーロー製のシェードの中にはメッキ加工のシェードもあります。メッキ加工の物は乾いた柔らかい布で拭くにとどめましょう。ものによっては、加工が落ちてしまうことがあるそうです。

指と軍手の便利な使い方

　複雑な形状のものは、軍手をはめた手でこするのがおすすめです。細かいところまで指が届きますし、自分の指なので力をコントロールしやすく、掃除がはかどります。特に使える場所は次のものです。

・ブラインド

・リモコン

14　コンセント・スイッチ・ドアノブ
　　－思わぬ事故や家庭内感染を防ぐ砦

コンセントのホコリ掃除のポイント

　コンセントのホコリ掃除をしていますか？　放置すると火災を招くことも。いわゆるトラッキング現象ですね。

　スイッチ周りもホコリが多い場所です。ここのホコリを放置しているとウイルスがホコリをエサにして増殖します。

　ドアノブもいろんな人が触る場所ですから、ホコリ掃除をしておかないとウイルスの感染しやすい場所となります。

　次の場所で使用しているコンセントは、ホコリによる火災が起きやすいと言われています。
・冷蔵庫、テレビ、洗濯機の裏側など、ホコリが溜まりやすい場所
・台所や洗面所など、湿気が多い場所
・加湿器や水槽など水気がある場所

　台所や洗面所・加湿器や水槽など水気や湿気のある所のホコリを放置すれば火災の他、カビも発生しますので要注意です。

掃除の道具

　脱水タオル / ハタキ / ハケ

掃除の手順

①コンセント

　必ず電源プラグをコンセントから抜き、その後ハケでホコリを払います。
　必要なら脱水タオルで拭きます。

　汚れがこびりついているときは、食器洗い用のアルカリ性洗剤を薄めて、脱水タオルに含ませて軽く拭きましょう。

　カラ拭きではホコリは取れませんからご注意ください。

　掃除機は不要です。ただホコリが多すぎて床に落ちたときはハンディ掃除機で吸い取ります。コンセントの穴の中にもホコリが溜まっていないかどうかをチェックしましょう。

注意点
・コンセントから電源プラグを抜くときは、本体をしっかり握って抜くようにしましょう。コードを引っぱると途中でちぎれる原因になったり、プラグが緩みやすくなり、火災の原因になります。

②スイッチ周り
　壁についているスイッチを毎日何度も押していると、スイッチが手アカで汚れます。
　手アカは皮脂汚れなので、ベタベタしていますから、それにホコリがつくと黒くなるのです。当然スイッチ周りの壁も黒く汚れていきます。

掃除の道具
　脱水タオル / ハタキ / ハケ

掃除の手順
　ハケでホコリを払います。その後、脱水タオル(だっすい)でスイッチやスイッチ周りを拭きます。
　手アカがひどいときは食器洗い用の洗剤を薄めて脱水タオルに含ませて軽く拭きましょう。

注意点
・洗剤が濃いと2度拭きの手間が要りますので、洗剤は薄めにしましょう。

③ドアノブの掃除
　各ドアノブもいろんな人が触るので、手アカで汚れていきます。手アカは皮脂(ひし)汚れ。ベタベタしていますからそれにホコリが付きます。

掃除の道具
脱水タオル / ハタキ / ハケ

掃除の手順
　ハケで軽くホコリを払います。
　脱水タオル(だっすい)でドアノブを拭きます。
　手アカがひどいときは食器洗い用の洗剤を薄めて脱水タオルに含ませて軽く拭きましょう。

注意点
・洗剤が濃いと2度拭きの手間が要りますので、洗剤は薄めがいいです。

第4章　プロの場所別掃除のテクニックを大公開

15　フィルター－部屋の空気浄化のかなめ

しっかりホコリを払う

フィルターは室内の空気を浄化する要(かなめ)ですから、しっかりホコリを払いましょう。フィルターのホコリの管理が必要な所は、エアコン、換気扇（キッチン・浴室・トイレ）各部屋の24時間換気口フィルター（排気口・吸気口）です。

掃除の道具

脱水タオル / ハタキ / ハケ / ハンディ掃除機

掃除の手順

ハケかキビ草の手箒(てほうき)等で、ホコリを払ってから、水洗いします。

はずせないフィルターはハンディ掃除機でホコリを吸い取ります。

洗ったらきれいに水気を拭きとり元に戻します。

注意点

- キッチンの換気扇フィルターは油で汚れています。
- キビ草の手箒(てほうき)でベタベタしたホコリを掻(か)き出すように払った後に台所用のアルカリ性洗剤で洗います。どの部分のフィルターもいきなり水につけるとホコリで目詰まりを起こしますから、注意してください。

16　壁－ビニールクロスは手アカとの戦い

壁はホコリで結構汚れています。その他、手アカやたばこのヤニ、ダイニング続きのリビング等はキッチンの油汚れもあります。時々掃除をしないと段々薄汚れていきます。

日焼けによる色変わりはビニールクロスを張り替えないといけませんが、通常は、拭き掃除等のお手入れをしておけば美しさを保てます。

掃除の道具

キビ草の箒(ほうき) / ハタキ / 柔らかいブラシ / 脱水タオル

中性洗剤(手アカ用) / アルカリ性の洗剤(手アカやヤニで汚れが酷い時用)
掃除の手順
　キビ草の箒(ほうき)かハタキで壁のホコリを払いましょう。
　アカやヤニ等の気になる部分は、中性洗剤を含ませた柔らかいブラシで中心をぼかすようにこすります。
　脱水タオルでなじませるように拭いて仕上げます。
注意点
・アルカリ洗剤は黄ばみますので、基本的には使用しないほうがいいです。
・手アカやたばこのヤニ等の汚れがひどいときは、アルカリ洗剤を使用するしかありません。黄ばみは時間と共に自然と消えます。

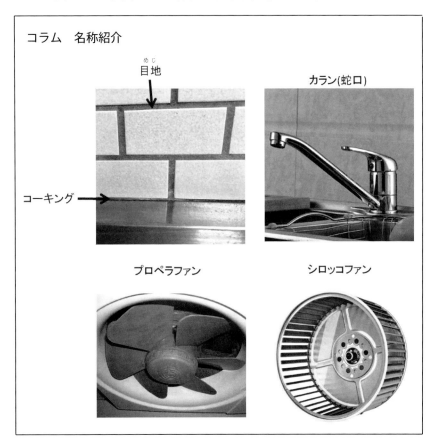

コラム　名称紹介
目地(めじ)
カラン(蛇口)
コーキング
プロペラファン
シロッコファン

85

第4章　プロの場所別掃除のテクニックを大公開

コラム　とても便利なウェスのお話

私達ハウスクリーニングのプロにとっては、「ウエス」はなくてはならない物です。「ウエス」とは、着古した「綿や麻100パーセントの下着やTシャツ等を適当な大きさに切ったもの」です。

「毛羽(けば)(糸くず)」がないのが特徴です。「ウエス」はあらゆる場面で活躍します。例えば油まみれのフライパンの油を拭きとる時、お風呂の排水口のお掃除に。「ウエス」はティッシュより強く破れる心配もないし、水気も油も良く吸い取ります。汚れたらそのまま捨てればいいので便利です。

ウエス の つくり方

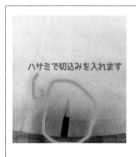

①下着やTシャツの裾に数ケ所ハサミで切り込みを入れます。

②切り込みを入れた所を割きます。

③そして適当な大きさに切っていきます。

④それを、キッチンや洗面所やトイレ等使いたい所に置いておきます。

第 5 章
掃除スキルを
さらにアップ！

第5章　掃除スキルをさらにアップ！

1　がんばらない掃除でワクワクきれいにしよう

優先順をつける

　掃除は好きにならなくても要領がよくなればいいのです。そのコツは、意地にならないことです。完璧を目指さないことです。

　「まぁまぁ、いいんじゃない、こんなもんで」くらいのスタンスですね。

　楽しみながらやるには、粘らないことです。

　掃除というものは、やった分だけきれいになりますから、キリがありません。それでつい「ここも、あそこも」と欲張ってしまう。その結果、一日中、掃除に明け暮れるはめになり、収拾がつかなくなります。

　要領がよくなるコツは、優先順位をつけることです。今日はこれから、これだけしようとポイントを抑えて、後は目をつむる。

　気になっているのに「明日からしよう」と先延ばしすればするだけ、目に見えて悪化し、ますます掃除が嫌になります。風邪を引いても、早めに対処すれば、軽く済むように、掃除も、早めに対処したら、プロの手を借りなくてもよいのです。

　それではとても間に合わないというときは、プロの手に委（ゆだ）ねられたらいかがでしょうか？

2「ついで〜ながら」掃除が一番

ながら掃除のすすめ

　わざわざ掃除をするのではなく、「〜のついで・〜しながら」する掃除が一番です。

　例えば顔を洗い、歯を磨くときは洗面所の鏡をついでに拭きます。

　さらに、洗面ボールのカラン（蛇口）の水気をカラ拭きし、洗面ボールの水気も乾いたタオルで拭く！　これを、セットにしてしまうと楽です。

　右手に歯ブラシ、左手に乾いたタオルを持っておくと、歯磨きが終わったと同時に洗面台の掃除も完了します。所要時間はこれだけで２〜３分です。

　キッチンで天ぷらを揚げたとします。油はほぼ１メール以内に飛びますので、１メートル範囲にあるコンロ周りや壁や床を調理後、まだ余熱がある内に、濡れ布巾でさっと拭くだけで汚れの重症化を免れます。

　特にキッチンは油と水とホコリが混在している所なので、放置すると汚れが固まり厄介になりますから、すぐに対処しましょう！

　浴室は水アカをつけない、カビを生やさないように、最後に入浴した人が、浴室の壁面や床に残っている水気を、水切りワイパーで切ります。

　トイレは、使う度に、「ブラシで便器をひとこすり」すれば、尿石や便の付着が軽減されます。

　また、トイレに「塩素系漂白剤」を多用する人が結構いらっしゃいますがやめましょう！　便器（陶器製）が焼けて変質します。

ついで掃除の例

・キッチン…コンロ・シンク・カランの上を調理しながら拭いていく。
・浴室…換気扇を上手に使いながら（通気の項参照）水切りワイパーで水気を切る。
・トイレ…使う度にブラシでひとこすり。
・洗面台…歯を磨いたり、顔を洗ったりしたついでに、乾いたフェイスタオル等でひと拭き。

3　必要な場所に掃除道具（セット）を置く

すぐに手に取れる環境づくり

　思い立ったときに掃除をするには、必要な掃除道具がすぐに手に取れる環境づくりを心がけましょう。

　いざ始める段になって、道具を探したり、買い足しに行くのは非効率です。「掃除を簡素化」するには必要な道具類はすべて用意して始めます。

　先述しましたが、道具はたくさんは要りません。適材適所の考え方で、各部屋に必要な道具を必要な分だけ、取り揃えていきましょう。

主な場所の道具のリスト

●台所
　アルカリ性洗剤 / クレンザー / 脱水タオル / ウエス / 新聞紙 /
　レジャーシート / ビニール袋 / ゴム手袋 / バケツ（四角のバケツ推奨）/
　ケレン / チャンネルブラシ / ナイロンたわし / スポンジ

●洗面所
　取扱説明書 / 中性洗剤 / 脱水タオル / ウエス（使い捨ての布）/ バケツ /
　新聞 / レジャーシート / ビニール袋 / ゴム手袋 / ハケ /
　フェイスタオル（おすすめは地厚の物）/ 和タオル / ウエス / スポンジ類

●浴室
　取扱説明書 / 浴室用の中性洗剤 / クレンザー / バケツ / 新聞紙 / ビニール袋 /
　浴室用ブーツ / カビ取り剤 / チャンネルブラシ / 洗車用スポンジ /
　水切りワイパー / タオル

●寝室
　箒（ほうき）/ ハタキ / 脱水タオル / 掃除機

●玄関
　箒（ほうき）/ ハタキ / 脱水タオル / ハケ / チリとり / ウエス

●リビング
　箒（ほうき）/ ハタキ / 脱水タオル / チリとり

●窓サッシ
　水／食器洗い用の洗剤／新聞紙／レジャーシート／水切りワイパー／
　バケツ／タオル数枚／脱水タオル／和タオル／ハケ
●サッシレール
　水／小さなバケツ（絵筆洗い用が適切）／新聞紙／ハケ／ウエス／タオル
※パッと見て掃除道具には見えないようなおしゃれなバッグ等にそれぞれ入
　れておきましょう！　見た目は大事です。

4　掃除の3種の神器と言えば？

箒（ほうき）・ハタキ・脱水タオル

　「みなさんにとって掃除の3種の神器と言えば？」とお尋ねすると、必ずその1つに「掃除機」と言われます。一般に販売されている掃除機は、プロが言うところの3種の神器には入っていません。
　では、何かというと「箒（ほうき）、ハタキ、脱水タオル（山口由紀子オリジナル）」の3つです（図表14）。
　1つ目は、「キビ草」でできた「箒（ほうき）」です。おそうじジョーズのオリジナルのキビ草の箒（ほうき）は、畳、フローリング、カーペットのホコリまでキッチリ掃き出すスグレモノです。
　2つ目は「ハタキ」です。昔は絹製のハタキでホコリをパタパタと上から下へ落とすことが有効でした。しかし住環境の変化、電化製品の普及で、様々な静電気がたまっているため、ハタキは、ホコリをからめ取る機能が必然となります。
　おそうじジョーズ推奨の「3色ハタキ（すいしょう）」は、撫（な）でることでホコリをからめ取り、軽くて、お子様でも扱いやすく、何度も洗えます。
　3つ目は、「脱水タオル」です。ちらばったホコリを拭くことでまとめていきます。つまり、ホコリをハタキでからめ取り、箒（ほうき）で掃き出し、脱水タオルで拭く。この3つがあれば、静かに、あっという間に、家の中のホコリは減ります。

箒もハタキもない掃除の順番

さて、残念ながら、箒もハタキもないお宅は掃除の順番を変えましょう。

まず、ホコリを脱水タオルで拭き、掃除機をかけます。そのとき、掃除機の排気は外に出るように「奥から手前にバックしながら」掛けていきます。

掃除の目的は「室内のホコリを掃う」ことです。プロが使う「3種の神器」はエコでシンプルで理にかなったものなのです。

【図表14　掃除の3種の神器】

5　意地にならない！「1日15分」の小掃除

毎日15分でも意外にはかどる

私がオススメしているのが「15分だけやろう」と時間を決めてやる「小掃除」です。たった「15分」なんて何もできない、と思わずに実行してみてください。

意外とできるものです。妙な達成感を味わうことができます。それを繰り返しているうちに、家中、ピカピカになります。

放置すればたちまち汚い部屋になります。感情に左右されないで、嫌いなことをやりこなすには毎日「15分」続けることが必要です。

毎日「そこそこ・コツコツ・ちょっぴり」これがキーワードです。
例えば、図表15の項目の1つひとつは「3分」もかからずにできてしまいます。この中から、全部はできなくても、身につけられればシメたもの。「きれい」をキープすることができます。
　チェック表を利用して、毎日いくつチェックが付けられるか試してみましょう。これはあくまでも提案なので、ご自身で選んで15分間をキープしてみてください。

【図表15 「3分でできること」チェック表】

項　　　　目	チェック欄
1.リビングと寝室の窓を開ける	
2.キッチン、浴室、洗面所のカランを乾いたタオルで拭く	
3.シンクの水気を水切りワイパーで切り、拭き上げる	
4.洗面台の鏡を乾いたタオルで拭く	
5.トイレの便器はブラシでひと擦り	
6.トイレの手洗いボールの水気を乾いたタオルで拭く	
7. スイッチ周りを拭く	
8.トイレ(フローリングの床)は箒で掃く	
9.目に付いたゴミは直ぐゴミ箱に入れる	
10.コンセントまわりを拭く	
11.玄関の靴はそろえて並べる	
12.風呂からあがったら換気をする	
13.ドアノブを拭く	
14.玄関の三和土を掃く	

6　付箋紙でカンタン貼り替え　「掃除カレンダー」をつくろう

ひと目でわかるので落ち着いて行動できる

　毎日、そして1週間ごと、1か月に1度、半年に1度の掃除の項目をリストアップしてみましょう。自分のスケジュールと照らし合わせ、①「ついで～しながら掃除」、②優先順位、③天候、④気候、⑤ベストな時間帯を考慮し、無理がない計画を立てましょう（図表16）。

　肝心なのはイヤにならないこと、計画倒れにならないこと、「ああもう少し掃除したい」というような余力を残すことです。

　カレンダーをつくるときに、「付箋紙」を使うと便利です。なにをしなければならないのか？　なにを優先すべきか？　その際、浴室はブルー、リビングはピンク、キッチンはイエローなどとカテゴリー別に多色の付箋紙を使い分け、カレンダーに貼っていきます（図表17）。

　ひと目でわかるので、落ち着いて行動ができます。実践して1か月後に、不具合や優先順位が変わったら、簡単に貼り替えられるのも便利です。掃除が終われば、外していきましょう。

（例）毎日
- 家具、テレビ、パソコン等のホコリをとる
- キビ草の箒で掃く
- 玄関の三和土を掃く
- 照明器具を拭く
- トイレと浴室を軽く掃除

（例）1週間に1度（毎週お休みの日）
- キッチンの棚を拭く
- 冷蔵庫を拭く
- トイレ、浴室をきちんと掃除
- 洗面所をきちんと掃除
- 玄関、靴箱の掃除

- 家中の鏡、リモコン拭き

(例) 1か月に1度

A・B・C・Dに分けて、翌月にもできそうな日に入れておきます。

A．カーテンなどの洗濯と不用品を整理
- 各種カバー類、レースカーテンの洗濯
- 食料収納庫の整理整頓、拭き掃除
- 冷蔵庫内の整理整頓と掃除

B．磨く日
- 家中のスイッチ類、床

C．換気扇の日
- 家中の換気扇及び、フィルターの掃除

D．窓の日
- 家中の窓ガラス磨き（曇りの日・雨の日など湿気の多い日を選ぶ）

(例) 半年に1度の掃除・・・厚手のカーテンの洗濯

【図表16　月別掃除カレンダー（例)】

	リビング ダイニング	キッチン	サニタリー	玄関周り	外回り	その他
1月		冷蔵庫内掃除	バスルーム換気扇掃除		庭の掃除等	
2月		↕		ポーチの洗い流し		
3月	レースのカーテン洗い		照明の丁寧掃除	くつ箱掃除		
4月	ワックスがけ					寝具の手入れ
5月	エアコン掃除		収納スペースの掃除	ドア周りの掃除	庭の掃除等	クローゼットの掃除
6月						ベランダ・窓掃除
7月	レースのカーテン洗い	レンジフードの掃除	バスルーム換気扇掃除		庭の掃除等	畳の拭き掃除
8月	カーペットクリーニング	↕		下駄箱掃除		畳の拭き掃除
9月			照明のていねい掃除	ポーチの洗い流し		クローゼットの掃除
10月	ワックスがけ				庭の掃除等	寝具の手入れ
11月	エアコン掃除	冷蔵庫&収納棚の全部掃除	収納スペースの掃除		門や外壁の掃除	各部屋のホコリ払い
12月	天井・壁の掃き掃除			ドア周りの掃除		↕

【図表17　付箋紙カレンダー（例）】

7　天気別掃除

恵みの雨を活用してみる

　掃除日和は天気が良い日だけと思っていませんか？
　実は雨の日や曇りの日に向いている掃除場所もあります。
　掃除カレンダー通りに実行していくことは大切ではありますが、「恵みの雨」を積極的に活用して、メリハリをつけて、家をきれいにしていきませんか？
　湿気を味方に、楽しい掃除の時間を創造しましょう。

雨の日もしくは雨降りの後

・窓・・・雨の後、水切りワイパーで水を切る。
※ただし夏は避けたほうが無難・・・水がすぐに乾いて、砂等が傷をつくる。
・ベランダ・・・雨の後、水を流しデッキブラシでこすり拭き上げる。
・網戸・・外せる網戸はベランダなどに立てかけて、雨で流して洗う。
・家中のゴミ拾い。
・新聞紙をまとめる。

（例）晴れた日
- 畳拭き・・・茶がら（ホコリを吸着させる。緑茶のカテキンが消毒、色止めの効果を持つ）を撒いてキビ草の箒（棕櫚の箒）で掃く。仕上げに酢水の雑巾できれいに拭く。
- 玄関・・・床のモップ拭き掃除（湿気がないほうがよいため）。靴箱から靴を出して、棚を拭く。靴箱の扉をあけて風通しをよくしておく。
- カーテン・・・ホコリが付着したカーテンは箒でなでて、ホコリを落とす。

8　掃除ロボットとも仲良く

不便な面もあり

　最近はやりの掃除ロボット。忙しい方には憧れの道具かも知れません。かくいう私も、ロボットを使っています。最初は物珍しさも手伝ってリビングで使っていました。そしてわかったことがあります。

　掃除ロボットには、足の細いイスのまわりについたホコリは取れませんから、イスをテーブルの上にひっくり返して乗せるなどの手間が要ります。

　また、ロボットはコードの海に溺れて遭難しますし、コードを噛んだりしますから、事前に床の上に置いている物の片づけや移動をよぎなくされます。

　実際、うっかりパソコンのコードをそのままにしていたために噛まれてしまい、手痛い思いをしました。便利だと思われている物が実際は不便だと思った瞬間です。

掃除ロボットの適材適所は

　結局、ロボットをうまく使えるのは、モデルハウスのような否応なく片づいた家でないと難しいと思いました。

　現在、我が家のロボットは、玄関先の廊下に配置しています。玄関先の廊下は必ず人が出入りしますから、あらゆるホコリが落ちます。そこを掃除しておけば、リビングや寝室にホコリを持ち込むことが少なくなりました。

　そしてイスもコードもありませんから、片づけも不要です。これは、非常に理にかなった方法だと我ながら思っています。ロボットの力を発揮できる場所は特定できましたが、吸引したゴミボックスの掃除は、持ち主が手を使ってしなければならないことが判明。

　その手間暇は、結構な労力になります。

　動力音やおしゃべりがうるさいメーカーのロボットもありますので、「我が家に欲しい！」と導入を考えている方は、実際にメーカーごとの機能を試してみましょう。今一度、室内環境を想定し、掃除機や箒（ほうき）と比べて手間暇がどうなのか天秤にかける必要があります。

　なお、その場で即決せずカタログを持ち帰り、熟慮することをおすすめします。便利な物には弱点もあることを忘れないようにしましょう。

9　目標を達成したら、ご褒美を

自分で自分にご褒美

　掃除はしないと汚れが固まり手に負えなくなります。また一生懸命に掃除をしても誰からも認めてもらえないというとても地味な家事です。

　ですが、誰もしなければ部屋はたちまち汚部屋になります。

　汚部屋に住みたくなければ、モチベーションをあげて地道に掃除をするしかありません。そのために、自分で自分にご褒美を上げませんか？

　なにをご褒美に設定したらモチベーションがあがりますか？

　なにをしたらワクワクしますか？　なにをしたらトキメキますか？

　掃除が終わったら・・・

・本を好きなだけ読む
・好きな音楽を聴く
・好きな映画を観る
・好きな歌を唄う
・友達とランチに行く
・好きな友達とおしゃべりを楽しむ
・お気に入りのティーカップで、ティータイムを楽しむ
・チクチク手芸を楽しむ
・小旅行を楽しむ
・気の合う友達とお茶会を開く

　色々と考えるだけで、ワクワクしませんか？
　この、ワクワク感を楽しむことで、掃除へのモチベーションが上がります。そして、我が家がきれいなら、誰に褒めてもらえなくてもいいのです。
　自分の機嫌は自分で取る。誰かに褒めてもらうより、自分で自分を褒めれれば最高だと思います。

コラム　ビフォー・アフター写真と解説

Before
ユニットバスのパネルを外すと、床はいろんな物に汚染されています。なぜこんな物が入るんだろう？と不思議です。
でも、一番危険なのは「カビ」です。

After
奥のほうの「カビ」はデッキブラシに塩素系漂白剤を含ませて、しばらく放置しておきます。その後シャワーを使って洗い流します。
洗い流した後は乾燥させます。

Before
エアコンのフィルターにびっしりと付いた「ホコリ」の中に「カビやカビの胞子」がてんこ盛りです。これが空気中に紛れている「ハウスダストアレルギー」の元凶です。

After
エアコンフィルターをきれいに洗いました。ここまできれいにしておくと、かなりの割合で「ハウスダストアレルギー」を予防することができます。

第6章
掃除の前に整理整頓

第6章　掃除の前に整理整頓

1　掃除がしやすい部屋づくり

・掃除と片づけは別物

　「掃除の本来の目的」は、室内の空気をきれいにすることです。

　「片づけの目的」は、「必要な物と不要な物を見極め、不要な物を処分すること」（何でもポイポイ捨てる！　ということではありません）です。

　では、掃除と片づけはどちらを先にするのかと言うと、片づけです。

　掃除をするときに、床の上にはなにもないほうが掃除の効率は格段に上がりますから、最初に片づけをし、その後に掃除をします。

　まずは、掃除と片づけは、目的が違うことを正しく認識しましょう。

整理と整頓も別物

　整理整頓とよくいわれますが、整理は片づけと同義語で、不要なものを見極めて処分することです。一方、整頓は必要な物だけを残し、使いやすいように整えることです。物の定位置を決めて、使った後に必ず戻すと、整頓された状態が保てます。

　整理も整頓も意外と時間がかかります。まずは、狭い場所から、少しずつ始めましょう。

　押入れの片づけをしたい！　とよくお聞きしますが、押入れはたくさんの物が詰め込んであり、片づけ初心者にはハードルが高すぎます。

　なにもかも1度にやろうとすれば疲れるだけ。

　結果パニックになって結局なにも片づかなかった・・・片づけはおろか掃除もできなかったということになります。

　整理整頓の初心者の方にとって、1番にやりやすいのは「冷蔵庫」です。

　食品には消費期限・賞味期限が明記されているので、見分けが簡単です。

　「消費期限」のあるものから先に食べます。「賞味期限」は美味しく食べられる期間という意味なので多少過ぎても食べられます。

　まずは、冷蔵庫から訓練してみませんか？　何のため、誰のために片づけるのか？　を考えましょう（図表18）。

【図表18　掃除・整頓・整理・収納の簡単な区別の仕方】

```
不要品を(す)てて
(さ)っと取り出しやすいように
(せ)いとんして
(し)まい
(そ)うじする
```

　不要品を「す」てて、「さ」っと取り出しやすいように「せ」いとんして「し」まい、「そ」うじする。

整頓された状態を維持する秘訣
①使ったものは元に戻す。
②扉や引き出しなど開けっぱなしにしないで必ず閉める。
③物を落としたら必ずその場で拾ってもどす。
④新聞は３日。雑誌は２か月などと保持期限をつくり、過ぎたら処分する。
⑤買いだめはできるだけしない癖をつける。
　　物が多すぎるとどこにしまったのかさえ忘れて、結局はまた買うことになり、不要品・死蔵品を増やします。物が少ない分、管理も楽になります。

整理整頓と収納も別物
　「収納」とは、出しやすくしまっておくことです。
　次に使うときに、所定の位置にある。扉や引き出しを開けたときに、なにがどこにあるのかが一目瞭然になっていたら、動作もスムーズにいきますし、探しものをする時間が極端に減ります。
　「我が家は収納スペースが少ないからモノが入らない」と言われがちですが、はたしてどの位の物が入るのか？　また、自分の家族の適量を、きちんと見極めて「物を減らし」、「効率よく」「使いやすく収納」すればいいので

はないでしょうか？

　私は片づけ講座の講師も担当しますが、中には収納スペースがありすぎて、片づけられなくて散らかっています…という悩みもよくお聞きします。

　収納は、スペースの問題だけではないような気がしています。

　次に、それぞれの言葉の意味を明記します。

---

①片づけ＝整理＝不要なものを処分すること。
②整頓＝不要な物を処分後、残った物を使いやすく整えること。
③収納＝しまうこと。
④掃除＝ホコリを掃い空気をきれいにすること。

　以上を正しく認識していただくと、家事の混乱が減ります。

　不要な物を片づけもせずに、散らかっているから！　という理由で収納用品を買っても片づきません。かえって余計な収納用品がゴミになったりします。

　①〜②〜③〜④の順番を守ると部屋は格段にきれいになります。

2　我が家の定量ルールをつくりましょう

収納スペース以上のものを増やさない

　あなたは自宅の収納スペースにはどのぐらいのものの量が入るのか？

　それはどのくらいの時間で消費できるのか？　を考えたことがありますか？

　自分が快適に暮らせるための収納スペースをまず決めましょう！

　そしてそのスペース以上にものを増やさないルールをつくります。

　例えばラップ等の消耗品は、最初に２本買って１本目がなくなったら、次の１本を買い足します。中身が少なくなった調味料は残りが少なくなって買い足すようにしましょう。

　買い足すルールも我が家流でつくります。例えば中身が容器の半分になったら買い足す等です。消耗品のストック（買い置き用）のおすすめは「ワン

ストック・ワンユース」です。

　服類は定番品か自分の好きなデザインや好みを選択の基準にしましょう！

　例えば、お気に入りのブランドで揃えると、翌年に新しく購入しても着回しがきいたり、別のものとのコーディネートができます。

　好きな素材やメーカーがはっきりしていれば無駄買いも減り、シンプルな生活を送れます。

　また物の配置や収納の場所を決め、使ったら元に戻す習慣をつけると目をつぶっていてもどこになにがあるのかわかるようになります。

　新しいものを手に入れるときもルールをつくります。

　新しい物を購入したらそれをどこに置くのか？　どこで使うのか？　誰が使うのか？　等をよく考え、同じ物が増えないように購入したら、代わりになにを処分するのか？（捨てる・誰かに譲（ゆず）る・リサイクル・リユースすること）を考えると無駄買いも減り、環境にも優しい暮らしになります。

　きちんと整理された空間は掃除も手早くできるようになります。

　そこそこきれいが維持しやすくなり、ストレスから解消されます。

　「きれい！　素敵！　欲しい！」と思うのは右脳の働きです。

　また、洗濯等の手入れの方法やどこへしまうのか？　と考えるのは左脳の働きです。右脳・左脳の働きを考えて物を購入すると、買い過ぎも減り不用品も減ります。なお、つくったルールは守る努力をしましょう。

3　手に負えないものは家へ持ち込まない

自分のキャパを超えそうな不要物は家に持ち込まない

　買い物へ行くと、出入り口の所で配布物をしていることがあります。

　そんなとき、あなたはもらいますか？　それとも結構です！　ときっぱり断れますか？

　広告などで「ご来店いただいた方に○○を無料で差し上げます！」と書いてあったら、その○○が不要だとしてもそのショップに出かけますか？

　自分では使いもしないのに「無料！」等の言葉に誘惑されて、未使用で我

が家に放置されている物って結構あります。

使わないなら、たとえ無料であってもゴミになります。

私は、買い物に行った先でもらうのは「ポケットティッシュ」だけと決め、それ以外の物は要りません！　とはっきり断ります。

洋服のショップなどで購入すると入れてくれるお洒落な袋も、自分が決めた必要枚数を超えたら廃棄します。

DM類も、不要なら「受け取り拒否」と封筒の表に赤で書いて送り返すと、2度と送ってこなくなります。自分のキャパを超えそうな不要物は家に持ち込まないよう徹底しています。

想像もできない風景に遭遇

私達おそうじジョーズは約43年の営業の間に、延べ10万件のお宅に訪問していますから、皆様には想像もできない家に遭遇します。

トイレに食べ終わった弁当の容器がある！

浴槽の中は、シャンプーやリンスの空き容器だらけで、入浴できない！

玄関も靴や本等散らかり放題！

物に溢れているために、どこから入ってよいのか迷うことも多々あります。

テレビで見るゴミ屋敷なんてまだ可愛いと思うような信じられない光景を目の当たりにします。作り話ではありません。真実です。

片づけのお手伝いに伺いますと、明らかにゴミとわかる物ばかり。

それらに占領されているから、気分が悪くなったり、やる気が出なくなったり、寛げない家になるのです。そうなる前に、家族みんなで話し合い、意識してゴミになりそうな物は持ち込まない努力をしましょう。

私1人位持ち込んでもいいだろう…くらいの意識ではダメです。

4　捨て方の判断基準

判断できないものは仕分け日を書いておく

まず、化粧品などの試供品で、期日がわからないものは全部捨てましょう。

簡易包装のため「中味が劣化している可能性」が高いためです。肌は吸収器官です。悪いものを肌から吸収し「経皮毒」として体の中に溜まるので、要注意です。

湿布薬も同様です。箱か袋に「有効期限」が明記してありますので、期限が過ぎていたら全部捨てしましょう。肌に直接つける物は、特に気をつけないといけません。

もったいないと思うのなら、買ったらすぐに使う。プレゼント等でいただいた物で自分の趣味に合わないなら、どなたかに差し上げたり、欲しい方に譲りしましょう。

物は使われる使命をおびて誕生しています。

使われないまま放置され、忘れられることこそが「もったいない！」のです。高価だから！　としまい込まずに使いましょう。

次にかさばる書類ですが、DM等は基本的に全部を捨てていいと思います。ただし医療関係の領収書保持期限は、ちょっと注意が必要です。

年間10万円以上は医療費控除ができます（医療費控除は3月の確定申告で行います）。収入によって違いますが、一般的には10万円越えたら控除申請できます。

私は控除申請できる年には原本が必要だから大切に保管しておきます。逆に申請しない年には年度末で破棄します。

電気製品などの領収書は必ず保証書と一緒に保管しますが、保証書は期限が切れたら破棄しましょう。

家計簿や日記は自分で保持期限を決めましょう。

学校関係の書類は、提出期限を超えたら基本的に処分でいいと思いますが、心配なら保持期限を決めておきましょう。

子どもの描いた絵や写真などは、パソコンに取り込んで保管する方法もあります。あるいは、子ども自身に見せて判断を任せてみましょう。意外とあっさりと「さようなら」してくれるかも知れませんよ。

判断ができない書類は、仕分けした日にちを書き、『とりあえず保管』でも大丈夫です。「仕分けした日にち」を書く事が肝要なのです。次に処分するときの目安になりますから。

5　魔法の言葉

その1 「何でもよいので1日5個捨てる」

　捨てる習慣を、ゲーム感覚で楽しんで身につける『魔法の言葉』を紹介します。

　「何でもよいので1日5個捨てる！」です。

　この「何でもよい！」という言葉が捨てる気にさせてくれます。

　例えば、ペットボトルがあるとします。地域によって分別の仕方が違うでしょうが、私が住んでいる福岡県久留米市の場合は、「ペットボトル」はそのままでは捨てられません。

　「ペットボトルのキャップ」「ペットボトルのラベル」「ペットボトル本体」と3つに分別し捨てるように義務づけされています。ペットボトル1つ捨てるだけでゴミが3つになります。

　2人分のペットボトルだけで既にゴミ6つです。このお話をするとまずお子さんが喜んで「ゴミ捨て」に参加してくれます。

　大きな声で、1、2、3…と数えながら、袋いっぱいにゴミを集めてくれます。「うそ？」と思った方はやってみてください。

　たかが5個。されど5個です。

　仮に5人家族で1人が5個捨てたとします。それで、25個のゴミを捨てた事になります。それを1年365日、1日も休まずに捨てたとします。5×5×365個で9125個のゴミを捨てることになります。逆にこれをしなかったら、1年で9125個のゴミがあなたの家に溜まることになるのです。

　ゴミ屋敷なんてつくろうと思ったら簡単なことですし、逆にゴミのない家にすることもとても簡単なのです。

　この「何でもよいので1日5個捨てる！」をあなたの家で実践し、ご家族でこのことをシェアされたらゴミ捨て競争の歓声が上がります。

　捨てるモチベーションが上がります。これまで私の「掃除講座」に参加してくださった方達は延べ4800人いらっしゃいますが、この方法で家族ぐるみで、「ゴミ捨てができるようになった！　要るものと要らないものの見分

けができるようになった！」と喜びの報告をいただいています。

　私は不要品を捨てるときは「捨て祭り」と名づけて不要品処理をお祭り化しています。捨てることも「ゲーム感覚」で楽しんでください。

　楽しいことは直ぐに習慣化されるのです。

その2「かもごと」捨てる

　まだ使うかも？

　これまだ要るかも？

　と思って、使いもしないのに、そのまま取っているものって意外と多くないですか？　片づけのご依頼№1がクローゼットの中の洋服の片づけです。

　「これ、高かったの！　しかも新品なの！」とおっしゃいます。そして一度も手を通していないから「もったいなくて捨てられないの！」と言われます。

　確かにタグが付いたままですから新品です。でも私に言わせれば、買ったときは新品でも10年もクローゼットにしまったままの服は残念ながら新品ではありません。

　一度その服を着て、鏡の前に立ってご自分の姿を見ていただきます。そして着心地を感じてもらいます。それでもピンと来られない方には腕を回していただきます。腕が締め付けられるのを感じられたら、その服を手放すことを考えられるようになります。いくら新品でも窮屈な服は着たくないのです。

　他に、今とは明らかにサイズが違うのに、痩せるかも？…と思ってクローゼットの中に置いたままにしている方って多いです。

　残念ながらそう簡単には痩せません。仮に痩せても、年齢を重ねれば色目が似合わなくなったりしています。そもそも2年着なかった服を着ることは、殆どありません。

　きっぱり「痩せるかも、要るかも」という「かもごと」捨てる！　ことを意識してください。

　私は何でもかんでもポイポイ捨てろ！　推進派ではありません。

　どうしても捨てられない思い出の品、プレゼントなどは取って置いてもよいと思います。（ウェディングドレス等）

　でも、家の中の物のすべてが思い出の品なのでしょうか？

その物と向きあって、本当に必要な物か？　手放してもいいものか？　を見極めていただきたいのです。そうしないと家は直ぐにゴミ屋敷になります。
　ご用心！　です。

6　新商品に惑わされない
　　衝動買いをしない、買わない工夫

物を増やさない鉄則

　あなたはつい衝動買いをしてしまうことはありませんか？

　季節変わりのバーゲンのときに、ショッピングに行って洋服を見たときに、半額あるいは70％オフといった極端な表示を見ると、つい買いたい衝動に駆られる人が多くいます。

　家には溢れそうな位の服があるにも関わらず「着る服がない！」と感じてしまってつい買ってしまうのが人間、特に女性の心理らしいです。予定していなかったのについ買ってしまうのを「衝動買い」と言います。

　服だけに限らず、思わず買ってしまう物にサラダ油や調味料等のストック品があります。

　「ダイエットできます！」

　「超絶美味しいです！」

　「腰の痛みが軽減します！」

　「フカフカです！」

　「これまでにないほどの汚れが落ちます！」等のキャッチコピーにつられて必要でない物を「つい買ってしまう」こともありませんか？

　こうした買い物行動は「ある種の快感」が伴うそうです。

　「衝動的に買った物」は、冷静になったときに「何でこんなのを買ったんだろう」と後悔し死蔵品になりやすいのです。

　私が片づけのお手伝いの仕事にお伺いするお宅の玄関先には、２リットルのペットボトルの飲料水がケースごと、山のように積まれていたり、お米の袋が玄関を占領していて、ドアが開かないケースも数多くありました。

その方達のお話を聞いてみると、これだけの数がないと「落ち着かなくて！」とおっしゃるのです。
　心理的要素を含む場合は無理に減らすようなアドバイスはしませんが、これ以上の数にはならないようにしてください！　とお話します。
　物を増やさない鉄則は、何度も言いますが「1つ買うときは1つ捨てる」です。つまり相対数を増やさないことです。

【図表19　片づけられない人の悩み】

収納部分が多すぎて片づけられない。

収納グッズを買うけど収納できない。

自分が捨てられない性格だから。

それが必要か、不必要かの見分けがつかない。

書類・写真・骨董品・思い出の物が捨てられない。

自分はゴミと思ってはいないけど身内が捨てろという。

そもそも、掃除と片づけの違いがわからない。

第6章　掃除の前に整理整頓

> **コラム「私は人格崩壊者です！」**
>
> 　20年程前に、電話をいただいたあるお客様の言葉です。
> 　最初、言葉の意味がわからず、ただお客様の次の言葉を待ちました。
> 「とても多忙で片づける暇がない。数年前に旅行から帰宅した後、荷物がそのままになって生活していて、1人では到底片づけられそうにない」などと、切々とお話をされました。
> 　片づけられない自分をひた隠しにして、ご自分で「私は人格崩壊者」と思いつめられるくらい、当時は、散らかった家に住むことに対して罪悪感を持たれた時代でした。
> 　勇気を振り絞って「おそうじジョーズ」にヘルプコールをしていただいたので自宅へ伺いました。
> 　玄関には、旅行用のトランクが放置。中には、まだ旅行グッズがそのまま入っていました。足の踏み場もない程、部屋が散らかっていました。
> 　椅子やテーブルやベッドの上も、物に占領されている状態でした。
> 　お客様と、1つひとつの確認をしながら『要』『不要』『わからない』の仕分けをしていきました。
> 　やがて床の上に散乱したものが片づいたとき、「わぁ！　床だぁ！」と嬉しそうに言われました。そして、椅子の上が片づいたとき、「椅子に座るのは何年ぶりかしら？」と感慨深気に言われました。
> 　それから、家の中がきれいになっていくのと比例するように、ニコニコと旅行の思い出を話しながら、見違えるように明るくなられました。
> 　家の中が片づき、座る場所ができ、風が通るべき窓が解放されたことで「プチ鬱」が治られたのかもしれない！　と思った瞬間でした。
> 　もちろん、医者ではない私達が軽々しく、プチ鬱を患っていらっしゃったのかも？　なんて言ってはいけないのかもしれませんが。
> 　片づけのお手伝いにお伺いする度に、どのお客様も間違いなく見違えるように明るくなられるのは今も変わらない事実なのです。
> 　あなたのお宅は大丈夫ですか？
> 　床が見えますか？
> 　窓を開けられますか？

第7章
お客様をいつでも呼べる家になる

第7章　お客様をいつでも呼べる家になる

1　今から30分後にお客様が…

それなりのコツ、テクニックがある

　限られた時間の中で家中の掃除をするのは、ハウスクリーニングのプロでも至難の技。30分後にお客様が来られるという限られた時間の中で「きれいに見せる」にはそれなりの「コツ」「テクニック」があります。

　この方法を知れば、皆さまのお宅もお客様にいつでもきれいな状態を見せられるようになります。まずは、30分でどこをきれいにするかをイメージしていきましょう。

・玄関

　お客様が来られたときにまず1番最初に目につくのが玄関です。

　玄関は「その家の顔」といわれています。まず表札ドアの表面と玄関ドアのドアノブ。チャイム等目線の先の玄関ドアを脱水タオルで拭きます。

　次に足元の三和土（たたき）の砂ホコリ等を箒（ほうき）で掃きます。置きっぱなしになっている不要な靴は、靴箱の中に入れて残った靴を揃えます。靴箱の上のホコリは、さっとハタキではらいます。

・廊下

　ホコリは廊下の隅にしかありませんので、廊下の隅のみチェック！　ドアの出入り口を目線の先のみチェックしたら、脱水タオルでサッと拭きます。

・トイレ

　便器は枝付きのブラシでひとこすり！　1度便座に腰掛け、入り口の下の隅をチェックし、ホコリがあれば拭き取りましょう。

　また、扉を開けて正面に立ち、天井の隅と壁に蜘蛛の巣やホコリをチェックし、あればそこのみ取り除きます。

・洗面所

　まず鏡を拭き、その後カラン（蛇口）をから拭きし、洗面ボールの水気を拭きます。脱衣籠等が置いてあれば、白いバスタオルを掛けて隠します。

　目に見えるものは白いバスタオルだけになるので、洗面所があか抜けて見えます。

汚れは落とすだけでなく、「隠す」というのも手なのです。
・リビング
　ソファーや椅子の座面などのホコリを箒（ほうき）で払います。カバーをしている場合はシワを伸ばし整えます。
　次にテーブルの上を片づけます。新聞等はとりあえず紙袋などに入れてテーブルの下か他の場所へ移動させます。

2　お客様の目線で見る掃除のポイント

掃除が行き届いているように見せる

　洗面所の鏡やカラン（蛇口）がくぐもっていたり、埃をかぶっていたら何となく部屋全体が薄汚れて見えます。
　掃除の鉄則に「光るものは光らせる！　白いものは白く！」というものがあります。家の掃除が行き届いているように見せるためには、ドアノブや鏡など光るものを光らせるようにしておくことがとても大切です。
・キッチン
　キッチンで光ものと言えば、カラン（蛇口）やステンレスシンクなどです。この２か所が光っているだけで見違えるように部屋があか抜けて見えます。
・カーテン・照明器具
　部屋を明るく見せるためには、陽光が入る窓もポイントです。まずレースのカーテンを洗います。脱水したらそのままカーテンレールにつるしておけば乾きます。
　カーテンを洗っている間に窓掃除をします。家中の窓を掃除するのではなく、お客様が過ごすリビングの窓だけでいいのです。
　同時に照明器具の掃除をしておくと、気分は更にスッキリします。部屋が明るいとお客様の気分も爽快になります。
・トイレ
　トイレは、お客様が来られるときには、ブランドタオルを掛けておきます。それだけで高級感が増します。

第7章　お客様をいつでも呼べる家になる

　そして便器の掃除が終わったら、天井や床の隅のホコリやスリッパの裏もチェック！　スリッパの裏が汚れていたら拭き取ります。トイレのドアノブの内外も脱水タオルで拭き上げると手アカが取れてスッキリします。

・リビング

　リビングに行ってお客様が座る目線の先に見える家具（チェスト等）の上のホコリを払い、見かけよく整えます。仕上げに花を1輪飾りましょう。

　テーブルの上に花があるだけで部屋全体が、生き生きして爽やかに見えます。

　お客様の目線を意識して室内を見回し、掃除のポイントを押さえることは大切です。新鮮な気持ちで、訓練だと思ってやってみましょう。

3　「明日しよう」を「今日しよう」に変えるスーパーテクニック

　「掃除はめんどくさいから明日しよう」と引き伸ばそうとする方の気持ちはよくわかります。

　全部、一度に、と思うから一歩が踏み出せないのです。「明日しようを今日しように変える」スーパーテクニックをお教えします。

①掃除機をかけない

　掃除は習慣化することが一番大事です。そのためには未練を残したほうがいいのです。

　「今日はリビングだけ掃除機をかける」と決めると、明日はどこをしようかな？　と掃除が待ち遠しくなります。

②物を捨てない

　掃除をするときに物を捨て始めたら、収拾がつかなくなります。掃除をするときに袋か箱を3つ用意します。明らかに要らない物なら、燃えるゴミか、資源ゴミに仕分けしながら袋にポンポンと入れていきます。

要る物（散らかった服等）は、洗濯するか、畳むかに仕分けすればいいので、袋か箱にポンポン入れて行きます。洗濯するものはそのまま脱衣所に持って行きましょう。
　まだ着られると判断したものはできれば家族ごとに畳んだらいいですね。その他散らかっている物（おもちゃや本等）も袋かおもちゃ入れ等指定の場所があればそこに入れ込みましょう。
　ポンポン放り込むだけで、掃除しながら片づいていくので楽です。

③目障りな物は、まとめて隠す
　テーブルの上を一気にきれいにしたいとき等、いちいち片づけを始めたら終わりません。テーブルの上にあるものをまとめて袋に入れて、テーブルの下や他の所へ移動します。
　使いたくなったら、その袋をもってくれば直ぐに元通りに戻せます。
　私は見かけのよい木製の真四角の箱を、いつもテーブルの傍らに置いています。急な来客のとき等テーブルの上の物をまとめてその木製の箱に入れて、上から白いタオルを掛けます。
　それだけで直ぐにスッキリと片づきますし、部屋もきれいに見えます。
　もちろん、元に戻すときも楽です。

④乱雑な物はきれいに重ねたり、並べ直す
　捨てるわけにはいけない物は、端をトントンと揃えてきれいに重ねるだけでスッキリとなります。
　ボトル類などはラベルを斜めに並べるブティック置きがおすすめです。おしゃれに見えますよ。

⑤目につくポイントのみをきれいにする
　例えば、新聞紙や本等が散らかり、床が見えない状態だとします。床全体を掃除しようと思わず、目につく所のみの新聞紙や本のみ、新聞保管場所や本箱にいれます。すると床の掃除もしやすいし、床面積が広く見えるので、掃除が行き届いているように見えます。

こうして、段々と掃除の習慣化ができていけばしめたものです。

気が向いたときにすぐにする。1分、5分でできる技を身につけるには、簡単なことから始めましょう。

上の5つのことが難しい方は、毎日カラン磨きだけはやり続ける！ スイッチまわりだけはホコリを取る！ 洗面台の鏡だけ、ドアノブだけは拭く。などどれか1つだけでもいいのでやり続けてください。

いつもきれいを保つためには汚さない工夫をすること。やり続ければ必ず習慣になります。

4　我が家流「掃除のルール」

家族全員が感じる快適空間をつくろうとすると、1人ひとりの協力が不可欠です。それゆえ、十分に話し合い、協力して続けられるような「我が家のルール」があったほうがよいです。

しかし家族へ強要するのはおすすめしません。

・掃除は自己満足でやろう（自分のことのみをやる）

まずは、自分だけでも徹底できるルールを決めて全うしましょう。

それから、家族の人数や年齢構成を考慮してルールをつくり上げても遅くはありません。家族が多ければ多いほど、なかなか思いどおりにはなりません。

私はいい意味で、掃除は利己主義でよいと考えています。

自分がきれいにした後に、家族の誰かが汚したとしても、怒らない。そのことで喧嘩するのは本末転倒です。自分が使った後だけでもきれいならば、そのことに喜びを感じ満足しましょう。

掃除は自己満足の世界とも言えます。

・きれいは伝染する

水気のないシンクやカラン（蛇口）を維持し続けていると、その状態が当

たり前になっていきます。すると、いつの間にか誰かが真似をするようになっていきます。きれいは伝染していくのです。

ルールを家族全員に周知徹底するには、「やることリスト」を誰もが目にできるリビングの壁に貼っておくとか、口に出して唱えるようにするとか、工夫してみましょう。

我が家流「掃除のルール」（例）
・夜寝るときに、リビングのテーブルの上には何も置かないようにするには、その日使った自分のものは自室に持ち帰る。
・新聞紙や郵便物は読んだ人や自分宛のものは所定のラック等に入れる。
・自室のゴミ箱は、ゴミ収集日の前日までに、各自指定のゴミ袋に入れる。
・日曜日は、子ども達が各自の部屋掃除を短時間（10分）行う。
・トイレ掃除は便器だけでもいいので、1階はお父さん、2階は子どもたちが週1回行う。その際1階と2階のチームに分かれてゲーム感覚で競争すると面白がってやってくれるかもしれません。

5　お客様をいつでも呼べる家になる

快適な暮らしを創造する

　私はモデルハウスのような家に住みましょう！　などとは決して言いません。

　その方の好みで、モデルハウスのような家に住みたければそうされたらいいと思いますし、そこそこきれいを目指すならそれでもいいと思います。

　でも、くるりとご自分の家、あるいは部屋を見まわしてください。

　いつ買ったかわからない物に部屋を占領されていませんか？

　椅子にお洋服が置きっぱなしになっていませんか？

　階段やピアノの上が物置代わりになっていませんか？

　あるいは、階段を物置代わりにされているお宅は、

　掃除もしにくい上に、つまずいたり、滑ったりしてとても危険です。

　家やお部屋は家族が心地よく住むための場所です。物が多すぎて掃除がしにくいお宅は、家族間のトラブルが絶えない方が多いです。寛ぎの空間が争いの空間になってしまっては本末転倒です。

　心身ともに健康的に暮らすには、気に入った物だけを選び、一緒に住む人や物を尊重しながら快適な暮らしを創造することです。

　あなたはお気に入りの物がすぐそばにありますか？

　考え方をシンプルにすれば、行動もシンプルになります。

　毎日の行動に優先順位をつけましょう。

　つまり一番大切なことを最初に行うのです。

　心にも体力にもエネルギーが残っているうちに、あなたにとって大切なことに全神経を集中させましょう。

　限られた時間の中で決めたことのみをやり、お気に入りの物に囲まれ、ご機嫌で暮らす。

　一度しかない人生を掃除や片づけに追われることなく、思い切り謳歌しましょう。

　そうすれば、結果的に「お客様をいつでも呼べる家」で暮らすことになる

のです。

【図表20　きれいマイスター講座参加受講生の感想】

K様

　私は毎日掃除をして仕事も母としても頑張って快適な暮らしをしている…はずでした。でも、現実はすっかり疲れてしまいました。

　毎日大掃除をやっていたからだと思います。疲れてさぼると、どんどん動きたくなくなり、掃除の間隔も空いていきました。

　それと同時に家族も家にいると不機嫌な態度になったりして、自分では原因はわかっているのに、どうすればいいのかわからず悶々とした日々が続いていました。そのときれいマイスター講座に出会い「これしかない！」と思いました。それからはたくさんの発見がありました。

　家は汚くてもセミナーで皆さんと掃除について話しをすると心がスッキリするのです。それだけでも掃除の力はすごいと思います。もっと早くに聞いていればよかった。小学校で習えるものなら習いたかったです。

　掃除の意味するものを教えていただいて考え方から変わったと思いました。

A様

　今までは、掃除が嫌で嫌で仕方がなかったのですが、今では休日も毎日お掃除頑張っています。しかも、楽しく！　です。

　山口先生の「嫌なときはしなくていいのよ」の言葉は嫌でも毎日継続させる力！　がたっぷり入っています。この私が継続できているのですから！魔法の言葉です！

　1日掃除をしないと、ものすごく汚れていることがわかります。

　今日は休もうかな…と思っても、廊下がザラザラしていたら自分が気持ち悪いし、そのザラザラした砂をみんなが家中にふりまいているんだと思うと「掃除をしないと落ち着かない」という気持ちを持つようになりました。

　これは、劇的な変化です。きれいマイスター3級講座のおかげです。

　とても感謝しています。

(参考) プロが使う掃除小道具

三色ハタキ

使用する際に両手で2〜3回クルクルまわして、ハタキを広げてから使用する。

チャンネルブラシ

ナイロン等化学繊維由来の物を使用。排水口、洗面台や細かい溝などあらゆる場面で活躍する。

豚毛チャンネルブラシ

豚毛なので水だけで汚れを落とすパワーを持つ。微妙なカーブがある場所にフィットする。

スクレーパー

シールの後を剥がしたり、ガムなどのベタつき落としや床の黒ずみを落とす。
注意：床面と並行になるように使わないと床に傷を入れる。

ケレン

ケレン（刃物）幅数種類あり（おそうじジョーズでは主に7mmを使用）蛇口周りの水垢を削りとる。ガスコンロやレンジ、サッシのかみ合わせなど隅々の汚れ落としに使う。

水切りワイパー

ゴムが厚いので、ガラスやステンレス等にピタッと密着し水が切りやすい。ゴムは取り外しができる。

竹串

サッシやふすま、障子などの引き違いの部分のホコリを掻き出したりするのに便利。

ハケ

細かい場所のホコリ払いに使用。

軍手

はめた状態で拭き掃除が可能。細かい場所や箒(ほうき)、ハケが入らない場所のホコリ落としに。

耐水ペーパー(#1000)

水アカ除去等にあると便利。小さくカットして水で湿らせて使用。汚れによっては番号を変えて使用。

ナイロンたわし(アクアパッド・ファブリックシート)

強くこすってもステンレスや鏡、ガラス等に傷をつけません。
幅広い掃除箇所に使えるシートタイプのナイロンたわしです。水道の蛇口周りやお風呂の汚れに効果的。

和タオル

鏡や窓の仕上げに。毛羽立ちが起きないのできれいに仕上がる。綿100%の物を使用。

脱水タオル

山口由紀子オリジナル掃除道具。作り方や使用法は別途参照。

あ　と　が　き

　本書を最後までお読みいただきありがとうございます。
　はじめにでも紹介いたしましたが、おそうじジョーズの創業者である夫、山口豊喜は掃除の天才でした。
　「掃除でこの地球に暮らす人たちを幸せにしたい！」それが彼の願いでした。53歳で大腸がんを発症し、抗がん剤治療を続けながら大好きなハウスクリーニングを続けていましたが、2011年10月23日、59歳という若さで、この世の使命を全うし「おそうじジョーズ」の仕事を私に託し天国へと旅立ちました。
　実は、私は左手しか動かないというハンディキャップがあります。加えて虚弱のため、掃除に手間をかけられません。それを逆手にとって誕生した山口由紀子式掃除メソッドは、「掃除が苦手」という方でもがんばらずに、効率よく、時短掃除が実現できるのではないかと考えます。
　「いつ来てもあなたのお家はきれいね！」と褒められたら嬉しいですよね。
　共稼ぎが増えている時代です。家族みんなが忙しく暮らしています。休日の掃除は家族みんなで分担し、掃除の時間を楽しめたら素敵です。
　そもそも掃除は家庭の中で学び、伝えられていくものでした。
　今はいくらでもネットで掃除方法を知ることができますが、残念ながら、正しい情報はほとんど書いてありません。
　本書でご紹介した山口由紀子式掃除メソッドは、正真正銘の「プロの技」です。
　しかもとても再現性の高いものです。
　夫の意思を受け継いだからこそ誕生し、これからもまだまだ進化していきます。
　掃除力をしっかり身につけ、スキルを高めることは、社会貢献につながります。
　本書を書くに当たり、労力も時間も惜しまずに快く協力し手伝ってくれた「きれいマイスター協会」や「おそうじジョーズ」のスタッフ、講座受講後、

掃除メソッドを実践され、見違えるようにきれいになった自宅を常にご報告くださる受講生の皆様が、私に勇気をくれました。

さらに、本書が読者の皆様の暮らしを快適にするよう願っています。

もし、お1人で難しいなぁと悩まれたときは、是非実践セミナーや講座にお越しください。楽しいお掃除仲間が増えます。

最後に、出版ができるようにご尽力下さった「あい企画」会長の赤尾様、今は亡き夫、山口豊喜、そして数ある掃除本の中から本書を選び読んでくださった読者の皆様に心より感謝申し上げます。

2018年9月吉日

山口　由紀子

参　考　文　献

『臨床環境医第 9 巻第 2 号　住まいと人体―工学的視点から―』
村上周三（東京大学生産技術研究所）

『ダニと病気のはなし』江原昭三・高田伸弘（技報堂出版）

『未来の年表 2』　河合雅司　（講談社現代新書）

『ハウスダストに関する意識実態の研究 (第 2 報)
〜フローリングの掃除とダニ対策について〜』
小笠原章・繁田明　（花王株式会社）
https://www.kao.co.jp/content/dam/sites/kao/www-kao-co-jp/lifei/life/pdf/20041101.pdf

おそうじジョーズ厳選の掃除道具が揃うネットショップ
頬喜屋(ほおきや)
https://hooki.thebase.in/

山口由紀子オフィシャルサイト (お掃除ブログ)
http://yukiko-yamaguchi.com/blog/

「きれいマイスター」に興味がある方へ

　きれい習慣が続かない方や、モチベーションを維持し続けたい方のための情報を書いた「LINE＠」にご登録ください。「1：1」トークで山口由紀子と直接やり取りができるようになります。

https://line.me/R/ti/p/%40qrw4477u

きれいマイスター協会公式HP

http://kireims.com/

おそうじジョーズ オリジナル掃除バッグ

「3色ハタキ」「ケレン」「チャンネルブラシ」等便利な掃除道具が8種類揃ったコンパクトなバッグ。
プロセット定価 8,500 円

著者略歴

山口　由紀子（やまぐち　ゆきこ）

亡き夫が久留米市初となるハウスクリーニング業「おそうじジョーズ」を立ち上げる。営業歴43年。訪問したお宅は約10万件を超える。地元ではその存在を知らない人がいない地域密着型で信用を積み上げる。2007年、おそうじジョーズの「掃除」と「片づけ」のスキルを体系化し福岡県知事経営革新承認事業として認定され、「きれいマイスター3級資格取得講座」を開始。全国初のお掃除の資格取得講座となり注目され受講生は延べ4800名を超える。「命の安全と暮らしの安全を守る」という理念のもと、「掃除」は室内の空気環境を衛生的に保ち、「片づけ」は家庭内の事故を防ぎ安全に暮らすことであるという啓蒙活動を実施。三種の神器である、「ほうき」「ハタキ」「脱水タオル」の使い方を学んだ受講生からは「家庭不和が解消した」、「アレルギー性鼻炎が治った」と評判になる。

著者　オフィシャルサイト
http://yukiko-yamaguchi.com/
※本書は「きれいマイスター協会公認テキスト」です。

編集協力・イラスト
ことり堂

室内環境改善コンサルタントが教える片手でカンタン掃除術

2018年10月25日　初版発行　　2018年11月15日　第2刷発行

著　者　山口　由紀子　©Yukiko Yamaguchi
発行人　森　忠順
発行所　株式会社 セルバ出版
　　　　〒113-0034
　　　　東京都文京区湯島1丁目12番6号 高関ビル5B
　　　　☎ 03（5812）1178　　FAX 03（5812）1188
　　　　https://seluba.co.jp/

発　売　株式会社 創英社／三省堂書店
　　　　〒101-0051
　　　　東京都千代田区神田神保町1丁目1番地
　　　　☎ 03（3291）2295　　FAX 03（3292）7687

印刷・製本　モリモト印刷株式会社

●乱丁・落丁の場合はお取り替えいたします。著作権法により無断転載、複製は禁止されています。
●本書の内容に関する質問はFAXでお願いします。

Printed in JAPAN
ISBN978-4-86367-455-4